大学者，"囊括大典，网罗众家"之学府也。

——蔡元培

我们的北京大学

陈平原　季剑青　主编

山东画报出版社

济南

图书在版编目（CIP）数据

我们的北京大学 / 陈平原, 季剑青主编. -- 济南：
山东画报出版社, 2025.3
（老照片·我们的大学 / 陈平原总主编）
ISBN 978-7-5474-4541-9

Ⅰ.①我… Ⅱ.①陈… ②季… Ⅲ.①北京大学—概况—文集 Ⅳ.①G649.281-53

中国国家版本馆CIP数据核字(2023)第163329号

WOMEN DE BEIJING DAXUE
我们的北京大学
陈平原　总主编
陈平原　季剑青　主编

项目策划　赵发国
项目统筹　赵祥斌
责任编辑　赵祥斌　王伟辰
装帧设计　王　芳

出 版 人　张晓东
主管单位　山东出版传媒股份有限公司
出版发行　山东画报出版社
　　　　社　　址　济南市市中区舜耕路517号　邮编 250003
　　　　电　　话　总编室（0531）82098472
　　　　　　　　　市场部（0531）82098479
　　　　网　　址　http://www.hbcbs.com.cn
　　　　电子信箱　hbcb@sdpress.com.cn
印　　刷　山东临沂新华印刷物流集团有限责任公司
规　　格　160毫米×230毫米　32开
　　　　　　　11印张　220千字　186幅图
版　　次　2025年3月第1版
印　　次　2025年3月第1次印刷
书　　号　ISBN 978-7-5474-4541-9
定　　价　68.00元

如有印装质量问题，请与出版社总编室联系更换。

总　序

陈平原

　　采用散文／随笔讲述你我经历／熟悉的大学历史、故事、人物及精神，这一写作方式，很难说起源于何时何地，但1998年北大百年校庆应该是其迅速崛起的重要契机。此举的最大特点，在于有效地沟通了"文"与"学"——这里所说的"学"，特指教育史、学术史与思想史。你可以追溯到20世纪20年代"任意而谈、无所顾忌"的"语丝文体"，也可以从1979年创刊的"以学识为根基，以阅历、心境为两翼，再配上适宜的文笔，迹浅而意深，言近而旨远"的《读书》杂志说起；当然，还可以像我曾在文章中提及的，以1988年刊行的两本有关大学的"怀旧"图书——中国文史出版社的《笳吹弦诵情弥切——国立西南联合大学五十周年纪念文集》以及北京大学出版社的《精神的魅力》作为切入点。而随着《北大旧事》（陈平原、夏晓虹编，北京：生活·读书·新知三联书店，1998年）、《北大往事》

（橡子、谷行主编，北京：中国文学出版社，1998年）的出版与热销，集合众多零散的老大学师生的私人记忆而成书，这一编撰策略，得到了广泛的认同。紧接着，江苏文艺出版社和辽海出版社组织了"老大学故事丛书"和"中国著名学府逸事文丛"；随后出版的"中华学府随笔"丛书（四川人民出版社）以及"教会大学在中国"丛书（河北教育出版社），走的也是这条路——谈论大学的历史，不再局限于硬邦邦的论说与数字，而是转向生气淋漓的人物和故事［参见陈平原《文学史视野中的"大学叙事"》，《北京大学学报（哲学社会科学版）》2006年第2期］。

其实，"追忆似水年华"，从来都是文人学者写作的重要动力。而对于上过大学或在大学工作的人来说，大学记忆连着青春胎记，历经岁月的酝酿与淘洗，不断地发酵与积聚，终于在某个特定时刻喷薄而出。这种状态下，很容易催生出生气淋漓的好文章。假如你所谈论的大学故事与人物，恰好能折射时代风云，或凸显某种精神境界，那就更有可能赢得满堂掌声。

为了便于读者进入规定的历史情境，也为了保存某些难得的时代气息，20世纪90年代出版的众多有关老大学的图书，大都会用插页方式，印制若干老照片。但那更像是图书的配件与装饰，编写者及出版社都不曾将其作为重要一环来认真经营。

这就说到约略与此同时崛起的另一种出版风尚。1996年底，山东画报出版社的《老照片》一经推出，即以其别开生面的图书样式与回眸历史的新颖视角，引发了风靡全国的"老照片文化热"。如今，该社又别出心裁，策划《老照片》品牌的衍生品——"我们的大学"丛书，选取具有悠久历史、在海内外卓有影响的知名大学，以图文并茂的形式，展现其人文历史与精神风貌。

"老大学"丛书追求的是"文"与"学"的配合，"老照片"丛书则着力"图"与"文"的融通，如今这两条线交会起来，成就了"老照片·我们的大学"丛书。这么一来，可最大限度地兼及图·文·学三者，实在可喜可贺。

天下事，有得必有失，追求五彩缤纷，那就无法执着与凝重。好事你不可能全都占尽，比如知识系统或思想深刻，便非本丛书的工作目标。某种意义上，形式就是内容，既然选择这么一种三合一的图书风貌，除了必不可少的诚实与可信，"好看"应该放在第一位——无论人物、文章还是图像，都必须生动、活泼、有趣。说到底，这不是一字千钧的学术史，也不是正襟危坐的教科书。

如此"好看"的文化读物，拟想读者可不仅仅是各大学的校友，更包括所有对中国大学的过去、现在与未来感兴趣的读书人。

2023 年 3 月 20 日于京西圆明园花园

序

陈平原

二十多年前，为迎接北大百年校庆，我和夏晓虹合编《北大旧事》，那篇撰写于 1996 年的导言开篇就是："大凡历史稍长一点的学校，都有属于自己的'永恒的风景'。构成这道'风景'的，除了眼见为实、可以言之凿凿的校园建筑、图书设备、科研成果、名师高徒外，还有必须心领神会的历史传统与文化精神。介于两者之间，兼及自然与人文、历史与现实的，是众多精彩的传说。"十年后，我在《大学故事的魅力与陷阱——以北大、复旦、中大为中心》（《书城》2016 年第 10 期）中提及，"因在中国现代史上占有特殊地位，北大校史既波澜壮阔，又暗流汹涌，校方落笔很费踌躇，但研究者很喜欢这种挑战"，于是出现了众多从政治史、思想史、学术史、教育史乃至建筑与植物角度谈论北京大学的著作。区区一所大学，竟然吸引国内外这么多研究者的目光，北大这方面的优势，非其他大学所能企及。

这回的小书缘于约稿，须在出版社划定的圈子里跳舞，不可能自由发挥。最主要的限制，还不在于篇幅大小，而是如何兼及"老大学"与"老照片"这两个不同维度。基于图文并茂的出版宗旨，本书以人物为中心。因为，比起宏大叙事或高谈阔论，为特定人物配图，相对来说更容易做到精准。至于选择什么人物，在老师与学生之间，本书倾向于前者。理由是，前者相对固定，且更能体现大学的学识、性情与风采。若是后者，数量十分庞大，虽容易上下其手，说得天花乱坠，但谁都明白，"铁打的营盘流水的兵"，学生走出校园后的业绩与贡献，不能全由母校来认领。在我看来，大学主要是个教育机构，在某个特定历史时刻，可以在政治、思想、文化乃至经济建设上发挥举足轻重的作用；但一般情况下，知识传授、学术探索与科技创新，更为本色当行——而在这些方面，教师无疑更具代表性。

北大百年校庆时，曾出版过一册776页的大书《巍巍上庠　百年星辰——名人与北大》（萧超然主编：北京大学出版社，1998年），季羡林在序言中谈及选择教师而非学生的理由："北大的优良传统是靠他们来传承，北大的名声主要靠他们来外扬。"虽然在第二辑中选入若干与北大擦身而过的政治人物，但全书确实聚焦于北大历史上曾做出过突出贡献的教职工。只是因其从晚清说起，留给20世纪八九十年代中国学界的篇幅并不多。

本书正是从此入手，选择改革开放以来仍然活跃的北大名教授。其中个别人物会有重叠，但选文不同，可以形成互补。为何如此定位？谈论新文化运动或抗战期间北大教授的书籍很多，没必要再锦上添花。至于主要活跃在20世纪50至70年代的学者，因牵涉"反右""文革"

等一系列政治运动，很难叙述，与其不痛不痒，还不如暂时搁置。相对来说，谈论改革开放后仍在北大任教的，比较容易畅所欲言。

另外一点同样重要，今天中国各大学（包括北大）的基本格局与学术传统，大都是改革开放第一代学者奠定的。四十年风云变幻，有赖于他们顶住压力，继往开来，引进吸收，开拓进取，才有今天中国的办学局面——这一点在人文社会科学领域表现得尤为突出。

本书之谈论北大教授，以人文学者为主。在综合性大学中，理工医农的发展尤为重要，且更为强势，为何到了讲述大学史时，往往人文学者优先？二十多年前，我曾对此现象作出解释："首先，北大之影响中国现代化进程，主要在思想文化，而不是具体的科学成就；其次，人文学者的成果容易为大众所了解，即便在科学技术如日中天的当下，要讲知名度，依然文胜于理。再次，文学院学生擅长舞文弄墨，文章中多有关于任课教授的描述，使得其更加声名远扬。最后一点并非无关紧要：能够得到公众关注并且广泛传播的，不可能是学术史，而只能是'老北大的故事'。"（《老北大的故事》，江苏文艺出版社 1998 年修订版，第 29 页；北京大学出版社 2015 年修订版，第 39 页）

虽然专注各院系的代表性学者，但本书不是学术史，既无力、也不想面面俱到。会有这种情况，明知某些学者很重要，但找不到合适的文章，也只好割爱了。这里所说的"合适"，主要指文笔，但也包括篇幅，个别还牵涉版权。不是正史，也不是评传，每篇三五千言，只能寥寥数笔，重在勾勒人物的性格与精神。

全书最后一辑，文体上有变化，选择一位经济学家和一位生物学家的自述，再添上不该忽略的"北医的品格与使命"，希望呈现不一样的风采。

借用丛书"总序"的说法：如此"好看"的文化读物，拟想读者可不仅仅是各大学的校友，更包括所有对中国大学的过去、现在与未来感兴趣的读书人。

2023 年 3 月 23 日于京西圆明园花园

目　录

即将消逝的风景　陈平原　/　1

铭记了一师的教诲　张双棣　/　12

王瑶怎么教弟子　钱理群　/　21

不忘朱德熙先生对我的指导和帮助　陆俭明　/　31

燕南园 62 号　袁行霈　/　39

我在历史学系学习的点滴　李鸿宾　/　50

我的严师、恩师、良师罗荣渠　牛大勇　/　64

想念父亲　邓小南　/　75

真理必叫你们得以自由　阎步克　/　83

清商远路自徘徊　罗　新　/　92

考古撼大地　文献理遗编

　　——纪念宿白先生　荣新江　/　105

春蚕到死丝方尽

　　——悼朱光潜老师　邹士方　/　116

湖畔漫步者的身影

　　——忆念宗白华教授　刘小枫　/　123

三松堂寄思　王中江　/　136

忆洪谦先生的教诲　赵敦华　/　144

怀念张岱年先生　任继愈　/　155

感恩与缅怀汤一介先生　胡　军　/　163

师恩深如海　郭良鋆　/　170

勤奋、严谨、求实、创新

　　——追忆李赋宁先生　沈　弘　/　182

传道　授业　解惑　王邦维　/　192

得天下英才而教育之

　　——为陈岱孙先生逝世两周年而作　王曙光　/　199

王铁崖先生和北大国际法研究所　饶戈平　/　205

从昆明的"魁阁"到北大社会学人类学研究所　马　戎　/　217

追忆导师芮沐先生的二三事　吴志攀　/　232

看得见的历史与文化

　　——为赵老"暖寿"而作　金安平　/　240

初识导师

　　——侯仁之师期颐寿日感怀　唐晓峰　/　247

高山仰止，遗范难追

　　——追忆白化文先生　杨　虎　/　260

我最敬重的科学家

      ——周培源先生　**武际可**　／　272

王选是一个普通人　**陈堃銶**　／　283

深切怀念徐光宪先生　**黎乐民**　／　293

丁石孙老师　**张恭庆**　／　302

共同的心愿　**厉以宁**　／　312

我愿在荒野终老　**潘文石**　／　317

北医的品格与使命　**韩启德**　／　327

即将消逝的风景

陈平原

寓居燕园十五载，对我来说，最值得怀念的，莫过于曾有幸"从夫子游"。

说"从游"，而不说"就读"，就因前者兼及"古典"与"今事"，意味深长，值得仔细品鉴。

所谓"古典"，最容易令人联想起的，自是孔夫子的开创私门讲学。《史记·仲尼弟子列传》有这么一句："子路喜从游。"读过《论语》的，很少不向往那时候的师徒关系。私心以为，"读书"不如"受业"，"受业"不如"从游"。后者讲求耳濡目染，且以修养而不是学识为中心，用后世教育史家的说法，叫"完全人格教育"。两汉以降，名师大儒开堂讲学，总有万千"喜从游"的"子路"们追随左右，只是不若孔夫子周游列国之恓恓惶惶。

至于"今事"，指的是晚清以降学制改革，"上法三代"难以落实，"旁采泰西"成了时代主潮。以课堂讲授为中心的新教育，其主要目的是传播知识，而不是养成人格，"从夫子游"一改而为"转益多师"。也有不以为然的，比如，章太炎便一再呼吁"救学弊"。可此等微弱的声音，对于现代中国的教育大业，基本上无济于事。20世纪40年代初，连最为西化的清华大学的校长梅贻琦，也对此深表忧虑："今日师生之关系，直一奏技者与看客之关系耳。"那么，什么是理想的大学教育？梅氏在《大学一解》里所表达的理念，其实古已有之：

> 学校犹水也，师生犹鱼也，其行动犹游泳也。大鱼前导，小鱼尾随，是从游也。从游既久，其濡染观摩之效，自不求而至，不为而成。

这就难怪当初胡适为清华学校设计研究院课程及宗旨时，强调兼及中国古代书院与英国大学制度。

传统中国教育希望养成人格，故特别看重"从夫子游"。始终自立门户，拒绝进入现代大学体制的章太炎，自称"余讲学以来几四十年"（《太炎通告及门弟子》），"前此从吾游者"（《致潘承弼书》），多学有所成。章氏之日本讲学，更像古代大师之收徒，后来的创办苏州国学讲习会，则带有公开演讲的意味。当年在东京"从章太炎游"者，包括黄侃、钱玄同、朱希祖、许寿裳、周氏兄弟等，均一时俊彦。鲁迅后来回忆说：

> 直到现在，先生的音容笑貌，还在目前，而所讲的《说文

图 1 20 世纪 80 年代，王瑶（前排左一）、吴组缃（前排左三）与学生合影。温儒敏供图

解字》，却一句也不记得了。

《关于太炎先生二三事》中的这段话，常被理解为语含讽刺。其实，这正是大师讲学之不同于学校教育处——不以传授具体知识为主要目的。

"从夫子游"的独特魅力，主要在于精神熏陶，而不是知识传授。可这有个前提，"前导"的"大鱼"，不只能够提供实验经费和科研题目，拥有学识及才华外，还必须兼有人格魅力，这样，方才值得"小鱼尾随"。若黄侃之名士风流，春花秋月，偕弟子寻访名胜，饮酒吟诗（参见《量守庐学记》中刘赜、杨伯峻、程千帆等文），毕竟是异数。现代大学中，较多地借鉴书院讲学经验，确保师生之间学识、精神以及情感的正常交流，改变课堂教学冷冰冰面孔的，当推研究生制度的建立。

我也是在进入研究生课程后，方才与导师有较多的接触，理解古人所说的"从游"之乐。十五年前（指 1984 年——编者注），我终于如愿以偿地走进了燕园，追随王瑶先生攻读博士学位。那年，先生刚好年届古稀，照现在的规定，早应该"赋闲"了。好在那时当局希望老专家发挥余热，我们因而有幸赶上"最后一班地铁"。在《为人但有真性情》一文中，我曾这样描述先生的"传道授业解惑"：

> 先生习惯于夜里工作，我一般是下午三四点钟前往请教。很少预先规定题目，先生随手抓过一个话题，就能海阔天空侃侃而谈，得意处自己也哈哈大笑起来。像放风筝一样，话题漫天游荡，可线始终掌握在手中，随时可以收回来。
>
> 似乎是离题万里的闲话，可谈锋一转又成了题中应有之义。听先生聊天无所谓学问非学问的区别，有心人随时随地皆是学问，又何必板起面孔正襟危坐？暮色苍茫中，庭院里静悄悄的，先生讲讲停停，烟斗上的红光一闪一闪，升腾的烟雾越来越浓——几年过去了，我也就算被"熏陶"出来了。

这段话常被论者引述，以为颇具"雅趣"。也有读者表示怀疑，以为是我"妙笔生花"。其实，此乃"写生文"，不曾着意渲染。今人之所以感觉陌生，就因为研究生教学制度化以后，同样可能窒息活生生的师生交谈。我入学的时候，中国的博士制度刚刚建立，没有统一的课程或学分规定，导师于是以"闲谈"代替"授课"。当初

图2　己巳年（1989）春节，作者（左一）与袁行霈先生在吴组缃先生家

因缺乏经验而不曾"正襟危坐"，倒是与古人"从游"之义相吻合。

"从夫子游"还有另一层意义，即没有入学考试，也不曾举行毕业典礼。倘若值得师从，不必过分讲究名分，前往请教就是了。我进北大时，中文系有四位老先生，均学识渊博，且德高望重。除了正式"拜师"的王瑶先生，吴组缃、季镇淮、林庚三位，我也常前往请教。四老各有专长，且性格十分鲜明，王之睿智、吴之豁达、季之忠厚、林之儒雅，均无法追摹。

既是小说名家，也以治中国小说史见长的吴组缃先生，与我的研究兴趣接近，且参加过我的博士论文答辩，平日里交往较多。上吴先生家，不必做任何准备，只需挑起话题，而后便顺其自然，当个好听众就是了。或针砭时弊，或追忆师友，或纵论古今，吴先生总有说不完的逸事与妙喻。谈兴浓时，甚至不准访客早归；倘若没有勇气大声辞别，那就只好等待先生兴尽了。"天宝遗事"固然有趣，更令人叹为观止的，还是先生对历代小说的精彩分析。先生对其主持的国家重点科研项目"中国古代小说史"十分用心，可在我看来，那是永远也无法完成的。单是"导言"部分，不知听先生讲了多少遍，觉得思路挺完整，可屡次让课题组成员协助整理成文后，又全都废弃不用。理由是"文字不好，没有光彩"。大概看我"随声附和"的能力尚可，先生几次邀我加盟，均被我以"另有任务"辞谢。之所以如此"怯阵"，乃是深知即便我使出浑身招数，也写不出令先生满意的"有光彩"的学术论文。

与吴先生的健谈截然相反，季镇淮先生显得有点木讷。如果没有准备，我可不敢造次拜访。几句家常话及问候语过后，便需进入正题。季先生不喜欢也不擅长漫无边际地聊天。如果访客无话且长屁股，温厚的季先生便接连不断地劝你喝茶、吃糖。我的妻子曾追随季先生攻读硕士学位，留校任教后又经常走动，按理说不该客套，可先生依然彬彬有礼。偶尔代查资料，必招来先生的连声道谢。先生每次出版新著，明知我们夫妇关系不错，没有离婚的打算，也非得签名各送我和妻子一册不可。如此认真执着的老人，偶尔也想调节气氛，说些轻松点的话题，可照样有板有眼。拜访季先生的最佳方案，便是尽早进入具体问题的探讨。那样，先生会两眼放光，忘记自己的病情，不时矫健地站起坐下，到书架上取下一册册书，翻给你看。先生做人作文，均一丝不苟，实在令人钦佩。可也由此带来不小的烦恼。季先生晚年视力极差，还要寻找有关资料，以便撰写新著。几次劝先生收缩战线，先把手头已有的书稿改定，先生总说"不忙不忙"。去世前两年，先生忽然说，教了一辈子文学史，还没写过关于小说方面的论文，应该补一补。于是，让我们代买大字本《西游记》，然后戴上眼镜，配着放大镜，开始重新研读——那年，先生八十有二。

王瑶先生居住的镜春园，与吴、季二师所在的朗润园近在咫尺。每回新年，总是顺道拜候，一路走去，十分惬意。如今三老均已仙逝，在我眼中，未名湖周围风景，顿时显得冷清多了。春节将近，中文系唯一需要拜访的老先生，只剩下居住在燕南园的儒雅淡泊的林庚先生了。

林先生乃现代文学史上有数的重要诗人，后又以唐诗及楚辞的研究闻名。平日里很少听他谈起小说，直到《西游记漫话》一书出

图3　己巳年（1989）春节，作者与季镇淮先生合影

版，方才让我大吃一惊：诗人对小说竟有如此的洞察力。据先生称，他历来对童话情有独钟，十年浩劫中更是以夜读《西游记》为"精神上难得的愉快与消遣"。以"童话性"解读《西游记》，前人不是没有谈论过，只是大多浅尝辄止，不若先生全身心地投入，且将其作为《西游记》的根本特征来论述。童心与诗心，本就有相通之处，更何况此乃先生之"曲终奏雅"（日后先生还出版了《中国文学简史》，可那是旧作翻新，不如此书之具有原创性）。这部不到十万字的小书，对此后研究《西游记》的学者来说，是个不小的挑战。

记得刚入学时，林先生举行告别讲座，那天我刚好有事外出，事后追悔莫及。据说，林先生擅长营造氛围，课堂犹如舞台，一招一式，均令人回味无穷。有学生点评曰：林先生诗写得好，讲得也好，因他的生活本身便是一首诗。当我复述这段话时，先生笑着说："那学生准是将我作为写诗的素材了。"

将一生作为一首诗来苦心经营，希望经得起时人及后人的再三品读，这其实很不容易。这话可以反过来说，凡是经得起再三品读的人生，都是一首成功的诗作。外系的老教授，或只是在某一特殊时刻接触（如哲学系的冯友兰、洪谦），或所了解的并非其专业成就（如东语系的季羡林、金克木），即便倾心于其人其文，未得真传，不好妄称弟子。不过，即便见闻有限，每次造访，均有"如坐春风"的感觉。而这种感觉，似乎只存在于"七老八十"的老教授身上。年轻一辈的学者，也有在专业领域里卓有成就的，可就是不如老先生"味道醇厚"。

或许，人文学者的修养，本就需要岁月襄助，速成不得。若此说成立，则如今实行的博士生导师六十三岁退休的制度，将使以

图 4 己巳年（1989）春节，作者（前排右一）在王瑶先生家

后的莘莘学子，再也无法领略处于最佳状态的"导师"的风采了。

记得有一年中秋，众弟子在王瑶先生家聚会，先生一时性起，提议夜游未名湖。月光如水，幽静的湖面，不时传来年轻人的朗朗笑声。不知是哪位师兄，念起了卞之琳的《断章》：

> 你站在桥上看风景，
> 看风景人在楼上看你。
>
> 明月装饰了你的窗子，
> 你装饰了别人的梦。

图5 己巳年（1989）春节，在王瑶先生家的师生合影

其实，此诗的意境，部分脱胎于明末张岱的《西湖七月半》。"西湖七月半，一无可看，止可看看七月半之人。""身在月下而实不看月者"固然可看，"亦在月下，亦看月而欲人看其看月者"同样值得观赏，至于"看月而人不见其看月之态，亦不作意看月者"，不也照样是西湖边的一道风景？

那夜情景，如在眼前，只是王、吴、季等诸先生均已凋谢。记得刚进北大时，在未名湖边流连，学长指着日后逐渐熟悉的老教授的身影告知，此乃燕园里最为"亮丽"的风景。如今，秋风凋碧树，风景日渐暗淡。常听人感叹"江山依旧，物是人非"；其实，既然哲人已逝，"江山"就不可能真的"依旧"。

还会有博学之士入主燕园，但不见得"有韵"且"有味"。作为"阅读对象"的学人，知识渊博固然重要，更值得欣赏的，却是其个性、气质与才情。慨叹老一辈学人多逸事，后来者因长期压抑，有趣的人不太多。当然，还有一些制度性的因素，使得北大校园里这道特殊的风景，有可能永远消逝：一刀切的退休制度，使得以后的学子，再也没有六十三岁以上的老教授可以"从游"；校园里人满为患，新人早已撤到燕北园、西三旗去了，若干年后，未名湖边，再也见不到优哉游哉的老教授。

没有长须飘拂的冯友兰，没有美学散步的宗白华，没有妙语连珠的吴组缃，没有口衔烟斗旁若无人的王瑶，未名湖肯定会显得寂寞多了。

江山代有才人出，单就"授业"而言，所谓"青黄不接"，大概属于危言耸听。不过，学生阅读的不只是"书本"，更包括"导师"。而我们这一代教授，是否禁得住学生们挑剔的目光，是否还能为学生提供精神的乃至审美的享受，实在没有把握。

既然互联网解决不了"从游"，个性化的魅力也无法复制，新一代的北大人，必须另外构建其值得再三品味的新的"风景线"。

1998 年 1 月 22 日
于京北西三旗

作者为北京大学博雅讲席教授

铭记了一师的教诲

张双棣

前不久，见到邹士方先生 2019 年在《文学报》上发表的一篇回忆王力先生的文章，其中有这样一段：

> 王力教授很喜欢让我为他照相，每次我把放大的照片送给他，他都十分高兴。记得我拍过一张他和他助手张双棣的工作照片，他十分满意；后来我放了一张十二英寸的送与他，他把它挂在自己的房间中。

邹先生所说的这幅照片，现正挂在我的书房内。这幅照片，是王先生去世后，王师母亲自从墙上摘下来，送给我留作纪念的。现在再看这幅照片，心情还如同那时一样激动。这不禁让我回想起跟随王先生学习和工作的情形。

图1 国立西南联合大学中国文学系全体师生合影。摄于 1946 年 5 月 3 日。二排坐者左起依次为浦江清、朱自清、冯友兰、闻一多、唐兰、游国恩、罗庸、许维遹、余冠英、王力、沈从文。北京大学档案馆供图

　　20 世纪 70 年代末，教育部要抢救性地为老专家配备助手，协助他们工作。我有幸于 1979 年 9 月做了王力先生的助手，协助王先生从事科研工作。与其说是协助王先生工作，不如说是在工作实践中跟着王先生学习。我跟王先生一起工作七年，直到王先生去世。我在王先生家里有一个小的工作间，便于与王先生一起工作，也可以随时聆听王先生的教诲。

　　当时，王先生正在修订《汉语史稿》的语音史，说是修订，其实是重写。原来《汉语史稿》的语音部分是以《广韵》音系为纲，上考古音，下推今音。而现在要写的《汉语语音史》是按照时代分

成先秦、汉代……明清、近代九章。每个时代都是用那个时代的语言材料进行归纳、分析。我就是按照王先生的要求，帮他找他不便到图书馆去找的资料。这对我是一种很好的训练。这期间，王先生多次对我讲，做科研，材料很重要，有了材料，才好做分析，得出的结论才靠得住。这就是王先生后来常说的，做科研工作，一是要占有材料，二是要有科学头脑。材料是基础，科学头脑是逻辑思维能力，二者缺一不可。王先生这个思想一直指导着我的科研工作。

王先生在写隋唐语音史部分的时候，他觉得唐代何超的《晋书音义》很有价值，要我对其中的反切做一些考察分析。王先生很耐心地告诉我如何分析每一个反切，从反切所体现的声母和用韵，去整理它的语音特点。我遵照先生的指导，写了一篇《晋书音义反切考》，这是我第一次写这类文章，自然写得有些粗疏。给王先生看，先生觉得还可以，还帮我做了简单的修改，并推荐给《语言学论丛》。《语言学论丛》答应采用。此后不久，我见到《中国语文》发表了邵荣芬先生分析《晋书音义》的文章，比我写得详细深入，且得出的结论有些也近似。我就跟王先生商量是否将我那篇从《语言学论丛》撤下来，王先生同意了我的意见。这篇文章虽然没有发表，但写作过程中，王先生对我的指导和教诲，是我受用终身的。

20世纪80年代初，王先生提倡汉语史研究要重视专书语言研究。他多次对我讲，汉语史研究要以专书语言研究为基础，要研究专书词汇、专书语法，同时代的专书词汇、专书语法研究成果综合起来，就可以看出这一时代的特点。王先生鼓励我做一本专书研究。我当时提出是否可以做《吕氏春秋》，我提了几个理由，王先生说可以。于是我选定《吕氏春秋》做专书语言研究。因为考虑工作量太大，在协助

图2 王力（右）和他的助手张双棣。邹士方摄于 1980 年 8 月

王先生工作之余，完成起来有些吃力。就约了我大学期间的三位同学一起做，王先生也很支持。我们先做校勘、译注的工作。首先要读懂古人的书。王先生跟我说："古人的书，尤其是先秦的书，大部分都有汉唐人的注释。因为汉唐离先秦不远，他们的注可以作为我们读先秦著作的钥匙，要重视这些注释。但在做语言研究的时候，也不能迷信这些注，古人往往缺乏历史的观念，不能从历史的角度解释词义。"王先生这些话，成为我专书语言研究的指导思想。我们做完《吕氏春秋译注》，将前言和部分样稿给王先生看，请王先生提提意见。王先生用铅笔改了几个字，并热情地为我们写了序，在序中给我们很多鼓励，对我们是很大的鼓舞。我们接着做《吕氏春秋词典》。我将词典的基本构想呈请王先生指点。我们的构想是以上古音为纲，

图 3 王力在家中读书。邹士方摄于 1980 年 8 月

将词义系统与语法结构结合起来，也就是将词义描写与用法描写结合起来进行阐述，这样，可将语音、语法、词义融为一体。我将部分样稿拿给王先生看，王先生赞成我们的做法，特别提醒我们，确定复音词、确定词类是很麻烦的，一定要考虑周全些。王先生还对样稿做了修改，并欣然应允做这部词典的顾问。但特别遗憾并令人悲痛的是，王先生没有看到这部词典的出版，就离开了我们。此后我又写出了《〈吕氏春秋〉词汇研究》(附《吕氏春秋》韵谱）。我们的《吕氏春秋》语言研究是在王先生亲自指导下完成的。

还是 20 世纪 80 年代初，山西人民出版社要出王先生在清华国学院的研究生论文《中国古文法》。在整理旧稿时，看到上面有梁启超先生的评语，也有赵元任先生的批语。梁先生的评语多是赞扬的话，如在扉页上写的"精思妙悟，可为斯学辟一新途径"；赵先生的批语多是指出文章不足或提出建议，连一个标点都不放过。王先生说，梁先生的嘉许和鼓励，是让研究生树立信心，敢于攀登学术的高峰。赵先生的批评是让研究生更严格要求自己，使自己成为一个真正的学者。王先生特别提到赵先生的这个批语："未熟通某文，断不可定其无某文法。言有易，言无难！"王先生指着这句话跟我说："赵先生这句话讲得很深刻，讲了一个很重要的理论问题。我们做汉语史研究，切不可轻易说某个时代或某个地域没有某个语言现象，因为我们没有把那些材料都读完。要下一个结论，必须得有充分的证据。赵先生'言有易，言无难'六个字，一直是我研究工作的座右铭，你也得记牢这句话。"王先生的教诲，也是我终生的座右铭。我在指导研究生时，也常用赵先生的六字箴言告诫他们。

王先生以八十多岁的高龄，每天上午一坐就是四个小时，我觉得这样太累了。所以经常在十点钟左右扶他到客厅里坐坐，聊聊天，让他稍稍休息一会儿。聊天中，王先生除了讲讲他的故事，也常讲一些学术问题，虽然有时是只言片语，对我却是十分珍贵的。有一次聊起清代朴学，王先生说，清代乾嘉学者尊重材料，发议论都能以材料为依据。这就是所谓的朴学精神。王先生对段玉裁赞赏有加，说他功底深厚，头脑清晰，所以能写出像《说文解字注》那样的巨著。又说他有历史观念，能看出不同时代的词义变化，在当时是非常难得的。说到清人的师承关系，王先生认为学生向老师学习，继承老师的学术精神，对于学术的传承是很必要的，但不能一味地照搬。王先生特别不赞成所谓"叛师"的说法。王先生认为，学生总按照老师的意思去说，学术就没有发展了。王先生强调创新，只有创新，学术才能不断发展。这些对我的教学和研究工作都具有指导意义。

记得有一次说到著作的出版，王先生说，对某些问题有新的想法，写出书来，不必等有百分之百的把握再出版，有百分之七八十就可以出版，出版后，还可以得到读者的意见，还可以修订提高。一下子做到十全十美，很难，甚至不可能。再者，这样也可以占先机，抢占市场。王先生这个看法，初听十分震撼，仔细一想，真是至理名言，让我茅塞顿开。我后来有的书，就是遵循王先生的话去做的，在不断地修订中逐步完善起来。

1981年，教研室安排我给学生上古代汉语课，王先生同意了。他说，去接触接触学生，了解一下他们对古代汉语的想法。王先生又说，教学一定要和科研结合起来，大学跟中学不一样（王先生知道我教过几年中学），中学老师可以按照教育部的教材去教，大学老师则要靠自己的科研成果。中学老师是买书教学生，大学老师则是要写书教学生。王先生的话，太精辟了，一下子点到要害，把教学与科研的关系说得入木三分。王先生自身就是教学与科研完美融合的杰出典范。王先生的很多著作，都是教学的产物，如《汉语史稿》《中国语言学史》等，都是先做讲义，给学生讲授，在讲授过程中再充实提高，最后出版。王先生不但重视科研工作，也十分重视普及工作。他的书斋起名叫作龙虫并雕斋。王先生说他是龙虫并雕，所谓龙，是指科研成果、学术专著；所谓虫，是指普及性文章及一些文艺作品。他认为普及性的文章，对于普通大众更有实际意义，是不可缺少的。

王先生对语言学的执着与敬业精神，对我也是一种极大的教育。

图 4　前排左起依次为唐作藩、王力夫人、王力、赵世开、陈松岑,后排左起依次为索振羽、石安石、郭锡良、贾彦德。王力家属供图

王先生一生致力于语言学的研究和教学,到八十岁时还豪迈地说:"漫道古稀加十岁,还将余勇写千篇。"王先生说到做到,他八十岁之后完成了好几部著作,《汉语语音史》《汉语语法史》《汉语词汇史》《康熙字典音读订误》,又修订了《中国语言学史》《清代古音学》,真是硕果累累。这些成果都出自他的勤奋工作。王先生对时间抓得很紧,从不荒废一点时间,每次出去开会回来,立刻就伏案工作起来。记得有一次,王先生上午要给研究生讲课,还要接待一位外籍学者,下午又要为一位美籍华人学者讲解唐诗并录像,时间安排得太紧了。我建议把上午的课改期,王先生执意不肯,很严厉地对我说:"今天的事情就要今天完成,不要推来推去。时间就是要抓紧,

不然一下子就跑过去了。"王先生如此高龄,每天仍工作六七个甚至七八个小时,一直到他去世之前。王先生自20世纪40年代一直想写一本理想的字典。1984年,他以八十四岁高龄应中华书局之约,开始写作古汉语字典。每天伏案笔耕,直到1985年10月,王先生感觉体力不支,找来在教研室工作的他的学生帮他完成。大家让王先生好好休息一段,可他闲不下来,坚持自己完成手头的卯集,并且还要接着写亥集。1986年3月,王先生体力越发不好,总感觉疲劳。我跟王先生说,亥集您就别写了,我来写,他答应了。他在一个北京市文联3月21日写给他的信封上写给王师母:"张双棣愿意替我写下去,我的眼睛不行了,又疲劳,干着急,但是今后做什么呢,一天到晚疲劳。"(这是王先生的绝笔,王师母后来将这个信封交给我保存)3月27日,王先生就因病住进了友谊医院,5月3日,王先生永远离开了,离开了他的家人、他的学生,他钟爱的语言学事业。王先生对语言学事业鞠躬尽瘁,成为我们永远的楷模。

王先生对我的教诲,我会永远铭记在心中,并传授给我的学生,使王先生的学术和思想永久地传承下去。

（文本有删减,原文章名《铭记了一师的教诲——纪念王力先生诞辰120周年》）

作者为北京大学中国语言文学系教授

王瑶怎么教弟子

钱理群

提到王瑶的教学，大家就会想到他那个著名的烟斗。王瑶从来不给我们上课，第一次见面就打招呼说，你们平时没事不要来找我。一个星期只准我们去他家一次。他的生活习惯是凌晨三四点睡觉，因此每天上午谁都不能上他家去，大概下午三四点钟，才开始接待来人。所以我们一般都是下午四点以后去的，坐在那里海阔天空地闲聊，想到什么就谈什么。其实很少谈学术，大多是谈政治，谈思想，谈文化，谈人生。先生一边抽烟，一边悠悠地说，谈到兴处，就"哈哈哈"地发出王瑶式的笑声。有时会突然沉默，烟雾缭绕之中隐现出先生沉思的面容。我们只静静地听，偶尔插几句话，更多的时间里是随着先生沉思。所以我们几个弟子都说，我们是被王瑶的烟斗熏出来的。

他的指导方法也很特别，我把它概括为"平时放任不管，关键

图1　王瑶先生。北京大学中文系供图

时刻点醒你"。一入学开一个书单，以后就不管了，你怎么读、怎么弄他通通不问，而且关照你平常少到他那儿去。其实这个放任不管，我倒觉得正是抓住了学术研究的特点。学术研究是个人独立的自由的精神劳动，因此它从根底上就应该是散漫的。散漫，并不是无所事事。一个真正的学者，一个有志于学术的学生，学术研究是他内在生命的需要，根本不需要督促，看起来他在闲荡，读闲书，其实总在思考。看起来漫不经心，其实是一种生命的沉潜状态，在淡泊名利、不急不躁的沉稳心态下，潜入生命与学术的深处，进行自由无羁的探讨与创造，慢悠悠地做学问。这是不能管的，更不能乱管。搞学术就是得无为而治，王瑶深谙其中的奥妙。

　　但是在关键时候他点醒你。他平常不轻易点，一点就让你终生难忘；他点到即止，醒不醒，要看你的悟性。

王瑶的"点醒"包括两方面。先说学术指导。他只抓毕业论文，而且先要求学生提出两个论文选题，向他汇报设想，然后他给定一个题目，并点醒你做这个题目应该注意什么。比如我当初毕业论文就准备了两个题目：一个写鲁迅的思维方式、心理结构、艺术世界，类似我后来写《心灵的探寻》的那种写法；另一个是鲁迅和周作人的发展道路的比较。王瑶先生听了我的汇报以后说："你的第一个题目很有新意，但你自己还没有想清楚，短时间内也不容易想清楚，在不成熟、没有把握的情况下急于写成论文，会有很多漏洞，答辩时很可能通不过，反而糟蹋了这个题目，不如存放起来，多酝酿几年以后再做，一做就把它做好。"于是就定了做"鲁迅和周作人发

图2　20世纪60年代，现代文学教研室教师和进修教师合影。前排左二为王瑶，左三严家炎，左四黄修己。严家炎供图

展道路的比较"这个题目。然后他就告诉我做这个题目可能会遇到的困难。他当时说了这么几点，大概有四点吧。第一是学术论证上的困难。王瑶打了一个比方，他说："做这个题目你得有两个包裹，一个包裹是鲁迅，一个包裹是周作人，两个人你都得搞清楚，但光分别搞清楚还不行，你得把他们两人连起来，因为你是比较研究，难点就在这里，就看你连的本事大不大。第二点，你得注意，讲周作人是有很大风险的，一定会有很多人提出种种责难，你要做好准备，在答辩时舌战群儒。因此，你所讲的有关周作人的每一句话都必须有根据，有大量材料来支撑你的每一个论断。"——这就给我定下了一个高标准。后来我那篇论文注释的篇幅几乎与正文相等，差不多每一句话背后都有一条注释，越是敏感的问题就越要讲究有理有据。第三，王瑶又提醒我："完全脱离政治的所谓'纯学术'是不存在的，在周作人是汉奸这个问题上，你必须态度鲜明，要有民族立场，不能回避民族感情问题，在大是大非问题上含糊其词，整个论文就站不住了。"第四，王瑶说："在材料、观点都准备好了以后，还有一个关键环节，就是要为整篇论文找到一个'纲'，才能'纲举目张'，以什么为'纲'，实际是以什么为文章的'魂'，这是最能显示论者的水平，特别是思想、理论水准的。"他打了一个形象的比喻，说文章有两种写法，一种是"编织毛衣"式的，只是平列地铺排：一点，两点，三点；一方面，又一方面，再一方面。很有条理，很全面，但看不出观点之间的内在联系，整篇文章是散的。另一种是"留声机"式的，有一根针，一个核心，一个"纲"，所有的观点都围绕它转，这就是所谓"纲举目张"，所谓"提纲挈领"。写论文最难，也是最要下功夫的，就是一定要找到能够把整篇文章

图3 1981年，"文革"后北大现代文学专业第一届研究生与导师合影。前排左起依次为乐黛云、唐沅、王瑶、严家炎、孙玉石，后排左起依次为赵园、钱理群、吴福辉、凌宇、温儒敏、张玫珊、陈山。本文作者供图

拎起来的东西。——这又是一个很高的标准：记得我在写毕业论文时最费力之处就在怎么找这个"纲"，甚至一度想放弃这个题目。有好几天晚上我都睡不着觉，急死了。一天早晨，睡在床上，左思右想，突然想起列宁所提出的"亚洲的觉醒"这一命题，才醒悟到可以用"20世纪中国知识分子和人民的觉醒"作为全文的一个纲，这才豁然开朗，用两个星期就把论文写出来了。

以上四个指点，从学术与政治的关系，治学的基本态度、方法，研究的难点、重点，到具体的材料的收集、论证，论文的组织、结构，都谈到了，学术氛围、社会环境、答辩中可能遇到什么问题，也都考虑到了，而且全点在要害上。但就这一次谈话，以后就不管、

不问了。我回去自己研究、写作，到时候必须交论文。交了之后他又细细地给我改，连标点符号、错别字都给我改，就下这一次功夫。王瑶是一个很会使劲的人，平常不用力，关键时候该用力他就用力，而且用在刀刃上。最后还把一个关：答辩前夕开始找我谈话，给我"锦囊妙计"，教我如何应对答辩。以后我当了导师，就将王瑶的锦囊妙计传给我的学生。王先生说："答辩的时候要掌握好两条原则。一条原则就是答辩老师提的问题，如果跟你论文要害的部分没关系，无关紧要，不会影响你的论文的通过，你最好不要详细地回答，说几句带过去就行了，别说多了，因为言多必失，会把你的知识漏洞都暴露出来，你说漏了一句被答辩老师抓住，他穷追不舍，你就非常狼狈。最好想办法一句话堵住不再追问，实在不行就干脆说：老师，这个问题我没想好，我下去再想一想。他总不能不准你想啊！或者老老实实承认：你说得很对，这是我的错误。也就到此为止了。但是，还得有另一条：如果提出的质问涉及你的基本观点，你就不能让步，必须据理力争，即使面红耳赤你也得争。因为你要是承认错了，或者承认考虑不周，你的论文就完了。而且你心里要有数：表面看来你是学生，而且处在被质疑的被动地位，但从另一个角度看，你又是主动的，因为在具体被质问的这个问题上，你是专家，对这个题目你比这些考官都熟悉，你思考得也最多，最充分，你是最强的，也是最有发言权的，所以你必须而且能够据理力争。你最好的方法是抛材料，用你所熟知而老师未必知道的事实材料来证明你的观点，变被动为主动。"——可以看出，王先生对考试制度看得很透，对老师与学生，主动与被动的关系看得很辩证，显示了学术智慧与人生智慧。

图 4 1983 年，陪王瑶先生、师母旅游。本文作者供图

　　或者更重要的，也是我们终身受益的是思想上的点醒，治学态度、人生道路上的启迪。我印象最深的就是先生的三次教诲、三个师训。

　　第一次找我谈话，第一个师训就是"不要急于发表文章"。他说："我知道，你已经三十九岁了，年纪很大了，你急于想在学术界出来，我很能理解你的心情。但是，我劝你要沉住气，我们北大有个传统，叫作'后发制人'。有的学者很年轻，很快就写出文章来，一举成名，但缺乏后劲，起点也就是终点，这是不足效法的。北大的传统是强调厚积薄发，你别着急，沉沉稳稳地做学问，好好地下功夫，慢慢地出来，但一旦出来就一发不可收，有源源不断的后劲，这才是真本事。"

又有一次闲聊天，王先生突然对我说："我跟你算一笔账，你说人的一天有几个小时？"当时我就蒙了：老师怎么问我这样一道题？只得随口回答说："二十四个小时。"先生接着说："记住啊，你一天只有二十四个小时。你怎么支配这二十四个小时，是个大问题，你这方面花时间多了，一定意味着另一方面花时间就少了，有所得就必定有所失，不可能样样求全。"秃头秃脑地讲了这一句，就不再说了，点到即止，这是王瑶的特点。我就反复琢磨，知道他这是在提醒我：你想要你的学术有成就，必须得有献身精神，要有所付出，甚至有所牺牲。当然，我们也不赞成"安贫乐道"，为了做学问什么都牺牲，最基本的物质需要都不要了，那不行，我们不能做那样的人。首先要保证基本的生存条件，鲁迅说过：一要生存二要温饱三要发展，生存、温饱是第一的，生存、温饱问题不解决，谈不上发展。但是在基本的生存条件具备以后，你有两个选择：一是继续向物质生活方向发展，那是你的权利；但是如果你想在精神上有更大发展，你在物质上的欲望就要有一定限制，在物质生活上不能有过高的要求，要有所牺牲，不然的话你就不可能集中精力于精神的追求。我们讲人的精神、物质两方面的充分发展，那是理论的说法，是一种理想的社会状态，而对个人来说，总是有所偏执的。所以我对自己的要求是，物质上中等或中上水平，绝不奢望过度的物质享受，而精神生活应该是一等的。要做学问，要着重于精神的追求，就必须把物质看淡，即所谓"淡泊名利"，要超脱一点。这看起来都是常识，但真要在物质诱惑面前毫不动心，也不容易，特别是在我们这个越来越商业化、物质化的时代。

在我研究生毕业留校以后，王先生又找我谈了一次话。虽然就

图 5 1989 年春节，在王瑶先生家书桌前。左起依次为温儒敏、陈平原、钱理群、王瑶。陈平原供图

谈这一次，却使我终生难忘，终身受益。他说："你现在留校了，处于一个非常有利的地位，因为你在北大，这样，你的机会就非常多，但另一方面诱惑也非常多，这个时候，你的头脑要清醒，要能抵挡住诱惑。很多人会约你写稿，要你做这样那样的有种种好处的事，你自己得想清楚，哪些文章你可以写，哪些文章你不可以写，哪些事可以做，哪些事不可以做。你要心里有数，你主要追求什么东西，之后牢牢把握住，利用你的有利条件尽量做好，发挥充分，其他事情要抵挡住，不做或少做。要学会拒绝，不然的话，在各种诱惑面前，你会晕头转向，看起来什么都做了，什么都得了，名声也很大，但最后算总账，你把最主要的，你真正追求的东西丢了，你会发现

你实际上是一事无成，那时候就晚了，那才是真正的悲剧。"

现在仔细想想，王瑶的三次师训其实都是一个意思，概括地说就是"沉潜"两个字。要沉得住，潜下来，沉潜于历史的深处，学术的深处，生活的深处，生命的深处，这是做学问与做人的大境界。切切不可急功近利，切切不可浮躁虚华，这是做学问、做人的大敌。不是不讲功利，而是要讲长远的功利，着眼于自己一生的长远发展，而不只看眼下的得失。王先生要我沉住气，告诫我有所失才有所得，后来又要我拒绝诱惑，都是着眼于我的长远发展。用通俗的说法，就是要我沉潜下来练内功。大侠之所以为大侠，就是他有定力，认准一个目标，不受周围环境的诱惑，心无旁骛地练好内功。功练好了，气足了，就可以源源不断地发。这就是王先生要求的"后发制人"。我现在回顾自己的学术生涯，唯一可取之处，也是可以告慰王瑶的，就是我一直牢记师训，并且身体力行。我从 1960 年大学毕业就雄心勃勃想做一个学者，但从 1960 年到 1978 年，等了十八年，准备了十八年，才有机会考上研究生；按照王先生的教导，又准备了七年，直到 1985 年，才开始发出自己的独立的声音。在这七年里，我发表的文章非常少，质量也不怎么样，压力非常大，有的时候连自己都失去信心了，但还是硬撑过来了。如果从 1960 年算起，到 1985 年，我可以说做了二十五年的准备，练了二十五年的内功，然后从 1985 年开始独立发功，一直发到现在，也只是发了二十年（原文发表于 2005 年——编者注）。准备二十五年，发挥二十年，我的治学之路、人生之路就是这么走过来的，很艰苦，但也很充实，没有虚度。

作者为北京大学中国语言文学系教授

不忘朱德熙先生对我的指导和帮助

陆俭明

我经常到朱德熙先生家请教问题，朱先生从不拒绝我的访问，总是热情接待。朱先生很喜欢讨论问题，我们一谈就是一两个小时，有时甚至是半天。讨论到精彩的地方，朱先生会失声大笑。每次从朱先生家出来，我都感到有很大的收获。是的，我忘不了朱先生对我的指导和帮助。

我毕业以后发表的第一篇文章是《"的"的分合问题及其它》（《语言学论丛》第五辑，1963 年），这篇文章就是在朱先生指导下写出来的。1961 年朱先生发表了《说"的"》一文，文章对现代汉语中使用频率最高的"的"做了新颖而又独特的分析，其分析法和结论跟传统语法大相径庭。因此，文章一发表立刻在语法学界引起了强烈的反响，围绕《说"的"》开展了一场讨论。当时多数人站在传统的立场对朱先生的分析和结论持否定态度。我完全赞同朱先

图1　少年朱德熙。时年十六岁。朱德熙家属供图

生的意见，对当时别人发表的文章我做了一万多字的笔记，对种种不同意见进行评论。我把这一万多字的笔记给朱先生看了，请他提意见。朱先生看得很快，一个星期后就把笔记还给我了。他对我说了许多鼓励的话，并说："你也可以写文章参加讨论嘛。"我说："行吗？"朱先生说："怎么不行？你写，写了我给你看。"这对我是很大的鼓舞。我写了一篇一万二千字的文章，题目是《也谈现代汉语语法研究中的几个方法论问题》。朱先生仔细地审阅了我的文章，批改得很细。"你写得很认真，也还比较清楚，但是有两个问题，一是面面俱到，重点不突出；二是说话啰唆，不简洁。另外，题目不好，不要用这样的大题目。"朱先生严肃地说，"写文章一定要重点突出，一篇文章要有个中心，集中谈一两个问题，谈深谈透，不要面面俱到。"朱先生帮我分析了当时的讨论，说："讨论的中心有两方面，一是'的'的分合问题，一是语法单位同一性问题。我建议你就集中谈这两个问题。"朱先生还帮我定了题目，叫我重写。我按朱先生的意见重写以后，朱先生又帮我修改了一遍。朱先生改得很细，从内容到文字，到标点符号。通过这篇文章的写作，我得益匪浅，主要有两点，一是文章内容一定要重点突出，二是文字一定要简练。这两点对我后来写文章很有影响。

1985年我发表了《由指人的名词自相组合造成的偏正结构》

（《中国语言学报》第 2 期），这篇文章也是在朱先生的直接关怀、指导下写成的。1975—1976 年我教越南留学生现代汉语语法，有个学生问我，鲁迅的《孔乙己》开头一句中的"鲁镇的酒店的格局"这个偏正结构该怎么切分？当时我凭直感，告诉他，应分析为"鲁镇的酒店的 / 格局"。这个偏正结构有些特点：（1）在这个偏正结构中，除了"的"，是三个名词"鲁镇、酒店、格局"；（2）

第一个名词"鲁镇"与第二个名词"酒店"之间是领属关系，第二个名词"酒店"和第三个名词"格局"之间也是领属关系。由这个偏正结构，我得出了一个想法：包含三个名词的偏正结构中，如果名词之间依次有领属关系，那么在层次构造上一定是左向切分的。1981 年在成都举行中国语言学会第一届年会，有一天晚上我到朱先生房间聊天，说着说着又谈到语法问题上去了，我就把对"鲁镇的酒店的格局"的分析以及我的想法说了，问朱先生这样考虑对不对。朱先生说："有道理。"可是与朱先生同屋的李荣先生立即提出异议，他说："那不见得，譬如说'父亲的父亲的父亲'，你说一定切分为'父亲的父亲的 / 父亲'？那不一定，我们也可以切分为'父亲的 / 父亲的父亲'，因为'父亲的父亲'就是祖父，按你的切分是'祖父的父亲'，按后一种切分是'父亲的祖父'，而'祖父的父亲'和'父亲的祖父'等值，都指曾祖父，可见这两种切分都是可以的。"李

荣先生的一席话把我愣住了。从成都回到北京后，我老考虑这个问题，总觉得自己的想法是合乎事实的，但李荣先生的例子怎么解释，也想不清楚。我又去找朱先生讨论，朱先生说："我也觉得你的想法是对的，但李荣先生的例子也确实是个问题，我看你去研究研究。"接着他又说："你一定不要就李荣先生的例子就事论事，一定要跳出框框，可以在更大的范围里去考察分析。"朱先生这个话对我很有启发，我想，"父亲的父亲的父亲"这个偏正结构里的名词都是指人的名词，我应该按朱先生的话去考察由指人的名词组成的偏正结构。我把这个想法又跟朱先生谈了。朱先生肯定了我的想法，并进一步指导我，要我先从包含两个指人的名词的偏正结构考察起，然后扩

图3 北京大学中文系汉语七九级毕业合影。二排左四为朱德熙先生，三排右四为陆俭明先生。本文作者供图

展到包含三个、四个、五个或更多的指人的名词的偏正结构。我就按朱先生所指的研究路子一步一步研究，结果不但发现指人的名词可分四类六组，而且发现了这四类六组指人的名词自相组合成偏正结构的六条规则，根据这六条规则证实了我原先的想法，即使是"父亲的父亲的父亲"也还是应该切分为"父亲的父亲的/父亲"，而"父亲的/父亲的父亲"这样的切分是错误的。我把文章初稿写出来后，送朱先生审阅。朱先生比较满意，但指出，你不能光说分析为"父亲的/父亲的父亲"是错的，还应该进一步说明为什么是错的，这样就比较完美了。我根据朱先生的意见进行了修改，修改后又请朱先生看，直到朱先生点头为止。不难看出，我这篇文章也是在朱先生指导下一步一步写成的，而朱先生关于不要就事论事，要跳出框框，到更大的范围里去考察分析的思想也一直指导着我后来的研究。

1983 年，以朱先生为首成立了一个沙龙，讨论语法问题。开始参加的人就朱先生、叶蜚声、马希文和我四个人，后来郭锐和马希文的研究生也参加，有一次孟琮、史有为也来参加讨论。我们差不多一星期讨论一次，一般都在晚上，每次都讨论到 12 点多。有一次讨论到深夜一点半，直到朱师母出来提醒我们散会。有一次在会上，谈到形式和意义的关系时，朱先生认真而又诙谐地说："语法研究发展到今天，如果光注意形式而不注意意义，那只能是废话；如果光注意意义而不注意形式，那只能是胡扯。"稍停了一下，朱先生接着说："形式和意义必须互相验证。"那时我正在研究现代汉语里的疑问语气词。现代汉语里的疑问语气词语法学界一共提到以下四个：啊、吧、呢、吗。但大家看法并不一致。大家对"吗"没有分歧意见，都认为是疑问语气词；对"啊、吧、呢"就有不同看法了。需要指出的是，

图4 朱德熙与王力等合影。从左至右为林焘、岑麒祥、王力、王士元、袁家骅、周祖谟、朱德熙。北京大学中文系供图

不管持哪种意见的，都没有正面说明理由，给人的印象是，只要能在疑问句末尾出现就是疑问语气词。现代汉语中到底有哪几个疑问语气词？说"吗"是疑问语气词，根据是什么？"啊、吧、呢"到底是不是疑问语气词？根据又是什么？这些问题都值得进一步研究。

朱先生的一席话给我研究现代汉语里的疑问语气词提供了理论指导。后来我在研究中就一直注意遵循朱先生关于"形式和意义必须互相验证"的原则，具体说，我在判断出现在疑问句末尾的语气词是不是疑问语气词时，不根据语感，而看它是否真正负载疑问信息，这一点又力求在形式上得到验证，验证的办法是比较，就是从疑问句和非疑问句，从这种疑问句和那种疑问句之间的最小对比中，来确定疑问句末尾的语气词是否负载疑问信息。我运用上述分析原则，逐个讨论了各家提到的那四个语气词，最后写成《关于现代汉语里的疑问语

图5 1984年夏天，朱德熙夫妇与美国汉学家李克、李又安夫妇在香山饭店合影。朱德熙家属供图

气词》(《中国语文》1984年第5期) 一文，得出的结论是，现代汉语里的疑问语气词有两个半："吗""呢"和半个"吧"。"吧"介乎疑问语气词和非疑问语气词之间，是一个表示"疑信之间"的语气词。这篇文章写出来后，得到了朱先生的肯定，他说，我们的研究就是要走这样的路子。这给了我很大的鼓舞。在以后所写的文章中，我都比较注意贯彻朱先生所提倡的形式和意义相结合的原则。

在教学上，朱先生也给了我很深的影响。1961—1962年第二学期，我接受了教汉语专业学生现代汉语语法的任务。这是我毕业后第一次给本专业学生上语法课。在寒假里，我去朱先生家请教问题，谈论中间我问朱先生："大家都说你的课上得好，把语法讲活了，学生都爱听你的课，这有什么诀窍没有？"朱先生谦虚地说："哪里，哪有什么诀窍。不过有一点我觉得很重要，那就是要站在学生的角

图6　1987年，朱德熙（右）与西南联大同学汪曾祺（左）、昆明植物研究所原所长吴征镒（中）合影。朱德熙家属供图

度来考虑安排讲授内容，设计课堂教学。"从这短短的谈话中可以看出朱先生对教学的高度的责任感。朱先生在授课前对讲授内容、课堂教学都是做了精心安排和设计的，而出发点都是为了学生，为了让学生便于接受，更好地掌握。朱先生的话对我影响很大。在我后来的教学中，除了注意学习朱先生的课堂艺术外，就一直把朱先生说的"要站在学生的角度来考虑安排讲授内容，设计课堂教学"的话作为自己教学上的座右铭。

　　要说我在教学、研究上有些什么成绩，都跟朱先生对我的指导和帮助分不开。朱先生的去世，使我失去了一位很好的导师。我一定不忘朱先生对我的指导和帮助，在教学和科研上做出更大的成绩，以告慰朱先生在天之灵。

作者为北京大学中国语言学系教授

燕南园 62 号

袁行霈

　　燕南园 62 号是一个中式的小庭院，庭院中央有一棵高大的柿子树，右手几丛竹子掩映窗户，窗棂雕了花的，那就是静希（林庚，字静希，生于 1910 年，卒于 2006 年——编者注）师住房的东窗，窗边是他经常出入的东门。走进东门穿过走廊是一间客厅，客厅南窗外有一段廊子，所以客厅的光线不很强，有一种舒缓从容的氛围。从客厅一角的门出去，右转，再打开一扇门便是他的书房，那里东、南、西三面都是窗子。冬季的白天只要天晴，总有灿烂的阳光照进来陪伴老师。这正应了他的两句诗："蓝天为路，阳光满屋。"

　　静希师刚到燕京大学任教时，住在燕南园一座独立的小楼。但他喜欢平房，更喜欢有属于自己的大些的庭院，便换到 62 号来。他在院子里种了一畦畦的花，春天，鲜花布满整个院子，他享受田园诗般的乐趣。

图1 20世纪30年代的林庚。林庚家属供图

静希师在20世纪50年代末期就买了电视机，那是一台苏联制造的黑白电视机。他喜欢体育，常看的是体育节目。那时候电视机还是稀罕物，第二十六届世乒赛（1961年4月在北京举行——编者注）期间，系里的年轻教师们每天都到他家观看比赛的实况转播。客厅临时凑了全家所有的椅子和凳子，摆成一排排的。大家坐在那一边观看比赛，一边发出赞叹声和欢呼声，夹杂各种各样的评论。没有转播的时候，那些座位也不撤掉，等待另外一场观众。就在这次比赛结束以后不久，老师买了一张乒乓球台，放在院子靠近南墙一片宽敞的地方，系里的青年教师常去那里跟老师打球，我也是其中的一个。老师的眼神好，对球的感觉敏锐，处理球的手法细腻，会突然抖腕发力，改变球的方向，使我招架不住。他喜欢唱歌，会用美声唱法唱到高音。大概是得益于唱歌，他原来有哮喘病，进入老年以后竟痊愈了。他曾热心地教我发声的方法，还画过一幅头腔图，告诉我源自丹田的气如何经后脑绕过头顶，灌向鼻腔和口腔，以发挥头腔的共鸣作用。

我在北大求学和工作的五十一年间，不知多少次进出这庭院，进出这客厅，向老师求教，一起谈论学问和人生。当我毕业后不久第一次登上讲台讲课时，静希师还有钟芸师、一新师兄都去听课，课后便到这客厅小坐，他们给了我许多鼓励和指点。有时候老师让我进入他的书房，我们隔一张写字台面对面坐，写字台中央有一方砚台，一个玉雕的水盂，还有一个方形的笔筒，瓷的。在书房，我们距离更近，谈话也更亲切。我们谈话的内容很广泛，当然更多的还是学问，屈原、李白，《西游记》《红楼梦》，以及外国文学，不管什么话题，老师都有独到的见解。有一次谈到水分，他说如果没有水分，干巴巴的东西有什么意思。《红楼梦》写贾

图2 1935 年，林庚在家中书房。北京大学图书馆供图

母把鸳鸯调理得像"水葱"似的，这"水"字就很好！1962 年静希师开始主编《中国历代诗歌选》上部，让我负责初盛唐部分的初选和注释初稿。在选注过程中，他常常提出一些我意想不到而又令我十分佩服的看法。他告诉我杜甫的《新安吏》一定要选，其中"肥男有母送，瘦男独伶俜。白水暮东流，青山犹哭声。莫自使眼枯，收汝泪纵横。眼枯即见骨，天地终无情"这几句写得特别好，特别是"眼枯即见骨"，很有震撼力。我仔细体会，老师的艺术感受力确实非同寻常。他还告诉我，李白的《独漉篇》，别人都不选，我们要选。这首诗我原来没有留意，经老师指点，细细读了几遍，才明白它很能代表李白独特的风格，便遵照老师的意思选进去了。诗中四

图3 1983年，在燕南园62号客厅，林庚教授（前排中）与教研室同志袁行霈（前排右一）、陈贻焮（前排右二）、葛晓音（二排右一）、钱理群（二排左一）、夫人王希庆（前排左二）等欢送钟元凯。北京大学图书馆供图

句："罗帏舒卷，似有人开。明月直入，无心可猜。"这样奇特的想象和构思，这样明快而新鲜的语言，非李白写不出的。又如，他说杜甫的那句"即从巴峡穿巫峡"，过去的解释不妥。三峡中的巴峡在下，巫峡在上，杜甫出川怎能从巴峡穿过巫峡呢？他引证古籍中的材料，证明这首诗中的"巴峡"乃是巴江流向长江的那一段山峡，在巫峡之上，所以说从巴峡穿巫峡。经老师这样一讲，诗的意思就豁然贯通了。回想起来，在我追随老师的这么多年里，他固然教给我许许多多的知识，但使我受益更深的是他给了我一种眼光，一种鉴别的眼光；还教给我一种方法，一种直透文学本质的方法。搜寻

图4 1990年4月16日，在燕南园客厅林庚教授（前排中）与徐志啸（三排左一）、程郁缀（三排左二）、费振刚（三排右一）、葛晓音（二排右）、孙静（二排左）、袁行霈（前排左）、周先生（二排中）、褚斌杰（前排右）等合影。北京大学图书馆供图

我的记忆，他从未对我耳提面命、疾言厉色，而总是在启发我鼓励我。他对我所做出的学术成绩，从不当面夸奖。当我出版了新书恭恭敬敬地送到他的面前，他也从不说些别人在这种情况下通常会说的客套话，但我请他为我的《中国诗歌艺术研究》撰序的时候，却十分痛快地答应了，而且很快就写完给我。在短短的篇幅内，叙述了我们师生的情谊和学术的交往，并对我书中的内容提要钩玄略加评论。其论述之精当，语言之隽永，口吻之亲切，气度之潇洒，置之于晚明小品的名篇中也是上乘之作。

静希师一生提倡少年精神，他常说：人在青年时代最富有创造

图5 1993年林庚教授在燕南园62号院中。北京大学图书馆供图

力。当我还年轻的时候，他鼓励我抓紧时间做出突破性的成绩，可惜我未能做到。后来他仍不断鼓励我在学术上要胆子大一些，要追求突破，只要是经过自己认真研究得出的结论就要坚持，不必顾忌别人一时的看法。这使我想起他对自己所提倡的"盛唐气象"的坚持，当这个见解刚发表的时候，遭到强烈的反对，但他从未放弃，后来终于得到学术界的承认。

他常常把自己新写的诗读给我听，并让我评论。我特别喜欢他五十一岁时写的那首《新秋之歌》，诗的开头说：

> 我多么爱那澄蓝的天
> 那是浸透阳光的海
> 年轻的一代需要飞翔
> 把一切时光变成现在

这首诗洋溢着对年轻人的爱和期望。他鼓励年轻人飞翔，希望他们把握现在创造未来。诗的结尾是这样的：

图6 2002年9月22日，林庚教授（中）在院中与袁行霈教授（右）、林清晖（左）合影。北京大学图书馆供图

图7 林庚（左二）与谢冕（右一）、杨晦（右二）、费振刚（左一）在1979年文代会上。杨铸供图

图8 林庚教授与助教陈贻焮（左）。北京大学
档案馆供图

金色的网织成太阳

银色的网织成月亮

谁织成那蓝色的天

落在我那幼年心上

谁织成那蓝色的网

从摇篮就与人作伴

让生活的大海洋上

一滴露水也来歌唱

　　这样铿锵的韵律，这样富有启发性的意象，这样新鲜的感受和

语言，四十年后读起来还觉得好像是旦晚才脱笔砚者。20世纪80年代前期，我曾热衷于写旧体诗词，他也把自己年轻时写的旧体诗词给我看，都是些很有境界的作品，但他并不看重这些，他要用现代的语言，创造新的境界、新的格律、新的诗行。有一天他忽然对我说："你真该学习写新诗！"言外之意是把精力放到写旧诗上有点可惜了。我于是也跟他写了一些新诗，可是总

图9 林庚先生的楚辞讲义。温儒敏供图

也写不出那样新鲜的句子来，这才知道新诗的不易。

几十年近距离的接触，我越来越感到静希师首先是一位诗人，是一位追求超越的诗人，超越平庸以达到精神的自由和美的极致。他有博大的胸怀和宽容的气度，我从未听他背后说过别人的坏话；他有童心，毫不世故；他对宇宙和人生有深邃的思考，所以他总能把握住自己人生的方向。他九十岁出版的诗集《空间的驰想》，是诗性和哲理巧妙融合的结晶。在这本书中，他推崇人的精神，歌颂精神的创造力，他希望人类不要被物质的"灰烬"埋葬，而失去了人生的真正目标。他用物理学家的眼光思考时间和空间，呼唤人类对空间的突破。正是这种深刻的思考、博大的胸襟，以及始终不衰的少年精神，支持他度过了九十五年的人生路程，依然如此健康而又才思敏捷。

静希师的学问和他的新诗创作紧密联系在一起。用一般文学史

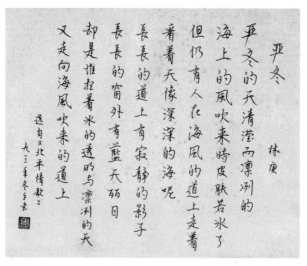

图10　林庚先生手迹。林庚家属供图

家的标准来衡量他，他的学术成就无疑是高超的，他的《中国文学史》，每一版都引起学术界很大的反响，其特色和价值，越来越受到文学史家的重视。香港有学者在一本评论中国文学史著作的专著中，对静希师的《中国文学史》用了很大篇幅详加论述。静希师关于屈原生平的考证，关于《天问》是楚国诗史的阐释；关于唐诗的多角度的论述，特别是关于"盛唐气象"的精彩发挥，以及关于李白"布衣感"的揭示；关于《西游记》文化内涵的新解，以及其他许多见解，在提出的当时都令人耳目一新，至今仍然给我们许多启发。但仅仅讲这些还是难以看出他可贵的独特之处。他可贵的独特之处，或者说别人难以企及之处，乃在于他是以诗人之心从事研究，是带着新诗创作的问题和困惑来研究古典文学的，同时用自己的研究成果来指导自己的创作实践。他对《楚辞》的研究解决了如何从散文语言中创造诗歌语言这样一个重要的、从未被人注意过的问题；他对"建安风骨"和"盛唐气象"的提倡，既符合建安和盛唐诗歌的实际，也启示新诗创作的一种突破的方向。他作为一位卓有成就的文学史家早已得到公认，但他在新诗创作上探索的成绩还没有引起应有的重视，他也许会感到一点寂寞，但仍处之泰然，这是需要时间和实践来检验的。我相信他的新诗创作，他对新诗格律的创造性探讨，必将越来越受到重视，并在今后新诗创作道路的探索中发挥作用。

静希师在燕南园 62 号这栋住宅生活将近六十年了。虽然院子大门的油漆已经剥落，室内也已多年没有装修而显得有些破旧，但住在这里的年近百龄的主人精神依旧！有时趁好天气我陪他在燕园散步，他不要我搀扶，自己昂首向前，步履安详，真不像是年逾九旬的老人。

他曾告诉我，走路一定要昂起头来。他一辈子都昂头，而昂头的人宛如南山的青松，精神是不老的！

2004 年 9 月 25 日

作者为北京大学中国语言文学系教授

我在历史学系学习的点滴记忆

李鸿宾

北京大学历史学系建于 1899 年，对于国外有长久历史的学校而言，这一百多年并不算什么，但是对我们国家现代意义上的大学来讲，这样的年份如同耄耋老者，悠久流长。谁都知道北京大学是维新变法的产物，这所学校与近代以来的中国有着不可分割的联系，能在这所大学吸收其养料，分享其乐趣，感受其精神，领会其意念，是许许多多青年才俊的旷世追求。

我本人是其中的一个幸运者。我于 1979 年考入历史学系中国史专业，1983 年本科毕业后又跟从王永兴先生攻读中国古代史专业隋唐五代史方向的（硕士）研究生，至 1986 年毕业，之后就在中央民族大学历史学系从事这方面的教学和研究工作，算起来离开母校十八个年头了（本文写于 2004 年——编者注）。这些年来，支配我事业和人生的最重要的精神信念，就是在北大，特别是历史学系七

图1　作者（前排右一）大学时与前后级同学在校园合影。本文作者供图

年生活的美好记忆，以及由这种记忆所形成的精神理念。这点毫不夸张，它确实隐藏在我的内心深处，时刻激励、鞭策和鼓舞着我。历史学系给我留下的印象方方面面，在这篇小文里，我只打算就自己比较熟悉，或有一些接触的老师谈谈感念和往事，以此感谢他们，并向他们表达一个学生的敬意！

一

我的硕士指导老师是王永兴先生，记得上大学的第二年，我和张京华、曲爱国、白兴华几个学生就跟从他学习隋唐史。当时引起我兴趣的原因是在图书馆有专门的研究室供我们学习，免去了一大早到图书馆抢占座位的烦恼；更重要的是有专门的先生指导学习，而且王先生对学生极其负责，机会难得。这样一直跟随王先生在图书馆的 213 和 219 房间学习，到研究生阶段仍旧如此，前后达六年之久。这种生活方式对我产生的影响是直接而长远的，至今未大变。

张传玺老师（我们当时的习惯是称老一辈如邓广铭、周一良、商鸿逵等为先生，其他一般都称为老师，我这里仍旧保存了当时的称呼，显得更亲切）是我进入大学之后最早接触的老师之一，他负责教我们中国通史的秦汉部分。当时系里安排每个老师讲一段中国史，使每个老师的特点都能展现出来，这对我们学生很有好处，使我们可以从他们身上学到不同的东西，体会不同的风格。而中国史专业 1980 级以后的古代史就归为两个老师完成，虽然老师讲得不错，但失去了多样性，我觉得不如我们 1979 级幸运。

这种多样性的好处很快就显示出来了。张老师说一口山东日照方音的普通话，十分有意思，而他为人也很风趣，讲课眉飞色舞，说到兴致之处，就在讲台上伴以动作，模仿课中涉及的人物，逗得大家前仰后合，上他的课感觉很轻松，所以每到中国史课的时候我们非常开心。接下来的课程是魏晋南北朝史。讲课的祝总斌老师的风格则完全不同，他不善开玩笑，但为人谦逊和蔼，有君子风格，很喜欢与学生亲近，征询讲课的意见，热心解答同学们的问题。这些印象我至今难忘，某些情景似乎离昨天不远。后来我又选修了他开设的魏晋南北朝史专题课，当时他主要讲的是那个时期的宰相制度以及君相关系，后来形成了《魏晋南北朝宰相制度研究》一书。

说到这里我还想起田余庆先生，他虽没有给我们上通史课，但是在我本科高年级的时候开设了魏晋门阀制度的专题课，我在读研究生阶段也曾选过田先生相关的课程。因我学习隋唐五代史，魏晋

图2 作者（左二）大学时在图书馆楼前与前后级
同学合影。本文作者供图

史对隋唐的影响直接而深远，所以我一般都选修魏晋南北朝史，田
先生开设的课我都尽量选修。田先生是另一种类型的老师，他表情
严肃，眉毛厚重，给人以威严之感，我们都不像与祝总斌老师那样
随意接触他。事实上，田先生学问深厚，我们当时也问不出所以然
来。听田先生的课是一种享受，但这要付出代价：由于他研究的程

度深，仅有本科的水平听起来比较吃力。我记得本科时他讲的许多问题虽然有意思，但当时听得似懂非懂，后来才慢慢地有所领悟。田先生的讲课和文章都像陈年老酒，得慢慢地、一点儿一点儿地品尝，才能尝到其中的味道。至今，他出版的几部作品我都曾认认真真地拜读过，对其基本理论应该说是不陌生的。

我从田先生和祝总斌老师那里学到的另一个治学的方法就是以讲课为学术研究成果，形成专著发表。这样的作品经过多年的磨合，特别是作者不断地修正和改订，质量相当高。而且像田先生这样以学术为生命宗旨的研究，其作品的精深自不在话下。这样的治学精神对我有巨大的影响，我自己发表的第一部学术作品就是在这种精神影响下完成的。

现在再回过头来谈谈张广达先生。他继祝总斌老师之后教我们隋唐五代史。显然，张先生既不同于祝老师，也不同于田先生，他的特点是脑子灵，外语好，接触国外的信息多，思想活跃，眼界开阔，颇有现代学者的气质，我觉得这是他最明显的特点。当时研究隋唐史的还有吴宗国老师，我上过他的隋唐史专题课，不过我同他的接触更多是在研究生阶段。吴老师属于谦谦君子那类，待人友善，很能体谅学生。

许大龄先生教通史中的明朝和清朝前期一段。许先生又是一位令人难忘的老师。他与祝老师一样谦逊和蔼，但他的风格则不同。给我印象最深的是他讲课很投入，而且天真，这种天真没有造作之态，是他真情的流露，他时常陶醉在自己的叙说之中，如果听者能与他合拍互动，就会被他的讲述深深吸引。在课下，许先生对同学的问题是有问必答。记得有一次我和另一位同学去他家里拜访，许

图3 1992 年，作者（前排右二）与同学合影。本文作者供图

先生热情接待，对我们的问题详细而耐心地解释，甚至连同其他问题也一同叙述，说完之后则说："我说的这些都是一家之言，属胡说八道，只供你们参考而已。"历史学系学生之间对许先生有个说法，即他对明史的材料，如文集、野史、笔记小说之类的文献材料谙熟于胸，他家里的文献著作也异常丰富。这点与社科院历史所的谢国桢先生很相似。谢先生也以史料见长，据说他家里收藏的有关明清的文献资料多得无法统计。当时有许多学者资料收藏丰富，但立论谨慎，不喜声张，有孔子的述而不作之风，这与我们今天的风气很不相同。今天学者们以著述丰富见长，著作等身已不是非分遐想，论文数百篇、著作十几部甚至数十部也不是什么稀罕之事。但给人的感觉是今天的作品多数不如上一代学者的质量高，尤其是那

图4 1994年，王永兴教授八十寿诞时与学生合影。前排右一为作者，中排左一为祝总斌教授，左二为王永兴教授，左三为吴宗国教授。本文作者供图

些满腹经纶的饱学之士的佳作。不过由于时代的不同，完全述而不作也不是办法，学术思想和学术品格的传承除了教授弟子和学生之外，作品留后可能更加久远。

近代史的老师是张寄谦。她的风格则不同于上述任何一位。这位张老师也是以学术为生命的拼搏者，她不苟言笑，我还真没见她笑过，大概只有在讲课中什么内容引起兴趣，偶尔展露笑意，但旋即逝去。听说张老师自己一人抚养子女，想起来生活的担子是很大的，但她无所顾忌，一心一意扑在学术研究上，其敬业的精神，只要你同她见面就会有所感觉。张老师的这种精神与田余庆先生视学术为生命的品性，在北大历史学系中是普遍存在的，也是这个系的内在精神和气质。由于我没有在其他学校历史学系上学或进修的经

历，不太清楚那些系的学风，然而大凡有学术影响的系科肯定具有良好的学术氛围；相反，一般性或不大好的系科，其学风大概也不会很好。我在历史学系学习的七年中，尽管说受到的影响和熏陶表现在方方面面，但这种精神影响是最大的。

二

以上几位老师主要是教我们中国史的，现在我再谈谈教过我世界史的老师。

周怡天老师是我最早接触的一位。他教世界史的古代埃及和两河文明阶段，他给我的印象是讲课很自信，当时系里给我们提供了一套世界史参考资料，其中有马克思主义经典作家关于世界史某些问题论述的小册子，用他的话说就是小本语录，他在讲课中老是说"这个问题可以参考小本语录"，于是"小本语录"就成为1979级中国史和1980级世界史专业学生（我们与1980级世界史学生同上大课）人人知晓的经典话语。

朱龙华老师以研究古希腊和罗马文明而著称。他的名气比较大，同学之间议论教师的时候，都说朱老师讲课讲得好，对古希腊和罗马有深入的研究。他的年纪似乎也大一些，反正我记得他的头发有些花白了。他讲课的特点是投入，不过他投入的方式是背对着我们自我欣赏，偶尔转过身来，但马上又转回去了。

马克垚老师给我们讲世界中古史。马老师一副书生模样，我记得他讲课的地点是在俄文楼，当时我们坐的是长条木凳，时间一长就很不舒服，所以特别希望早点下课，好舒缓舒缓身子。马老师讲课的口头禅是"这个问题还没有搞清楚",一堂课中大概得说好几次,我对这句话印象很深。还有一个印象是马老师说话的方式。他讲话软绵绵的,声音不大,因我坐在前几排,能够听清,后排的我就不知道了。不过马老师的学问做得很深,为人很谦和,只是我们以中国史为中心,与世界史的老师接触较少。

杨立文和郑家馨两位老师(大概)教我们世界近现代史。杨老师可能是湖南人,但他普通话讲得很不错,声音洪亮,很能激励人心。虽然讲课的内容早已忘记,但他站在讲台上说话和打手势的形象仍如昨日。他可能属于讲课易激动型的,经常慷慨激昂,指点江山。与他对照的郑老师则温文尔雅,特别"煞有介事",我这里用的是褒义,我觉得"煞有介事"这个词特别能表达我想说的意思。我印象最深的内容是他讲的非洲史中的南非部分,他很少展露情绪,更多的是娓娓道来,站在讲台上显得忙忙碌碌的。他给学生的印象是"有一颗同情心",但在期末考试中想获得高分却不那么容易。

还有一位张芝联先生,他以研究法国史著称,但他没有讲世界通史,我没有机会听他的课。不过张先生名气很大,而且外语好,尤精通法语。张先生出身书香门第,服装洋化,具有西学的风气,与历史学系中国史出身的学者气质明显不同。在当时改革开放刚刚起步,人们的衣着还相当朴素,张先生的穿着打扮与其他人比起来,显然洋化得多。我与他比较近的接触是有一次北大历史学系接待法国汉学家谢和耐访学,当时邀请谢氏讲演,地点在临湖轩,谢氏的讲话由张广达先生翻译,张芝联先生也出席讲演会,遇到翻译的难点时,张芝联先生就会补充。后来在报上看到他获得法国方面授予的骑士勋章,这是对他长期从事法国学术研究和文化交流的表彰。

北大历史学系的世界史在国内非常有名，其综合实力数一数二，但我学的是中国史，对世界史的了解很有限，直接听过课的老师都是教通史的，未曾听过课或谋面的老师还很多，所以我在这方面的记忆有限。

<h1 style="text-align:center">三</h1>

　　说到母校历史学系的教师，自然不能不讲到老一辈学者。我的导师王永兴先生也属于这一辈，除他之外，有邓广铭、周一良和商鸿逵等先生，后来吴小如先生从中文系调到中国中古史研究中心（即现在的中国古代史研究中心）。这四位先生中，我听过后两位的课。邓先生当时只给宋史专业的研究生上课，周先生大概也如此，但邓、周二先生名气大，影响远，尤其邓先生是历史学系主任，我们经常在会议上看到他，听他讲话，也参加他的讲座，再加上同学们之间广泛流传着有关他和周先生的议论传说，所以邓、周先生对同学而言是如雷贯耳的。

　　邓先生给我最深的感觉就是他像个纯粹的学者。他的相貌端庄挺拔，服饰庄重朴素，但又非常讲究，一水的中式服饰，头发梳理整齐，一尘不染，给人的第一印象就觉得此先生非同一般。果然，邓先生是个很有个性的学者，我对这种个性的理解是他不媚世俗，以学业为终身诉求，追求学术达到忘我的境地。在我上学的时候，邓先生已经年逾七十，但他的心态依旧年轻气盛，特别表现在他所撰写的学术争论性文章中。我觉得邓先生学术上最具特性的就是这类文章，我读得最多的也是这些。他的文章不但字句优美，说理性

图5　1998年5月，历史学系在二院召开欢迎校友返校大会。图为历史学系教授田余庆（右一）、马克垚（左一）等在主席台上。北京大学档案馆供图

强，最佳之处就是文章中蕴含着某种气势，甚至可以说是某种霸气，但邓先生可不是那种与时代脱节的老先生。现在我还能记得他给历史学系师生开设有关岳飞《满江红》是否伪作的情景。当时学术界对这首词的作者是不是岳飞产生争论，不少学者怀疑岳飞有此能力。邓先生的观点是该词确为岳飞所作，他举了很多例证证明，我现在只记得他讲话的肯定语气，以及强化语气的手势。不论在他的文章里还是讲话中，邓先生都有一股激情，这是很难得的。

　　邓先生对历史学系和中国中古史中心的发展起了重要而关键性的作用，这也是很多人经常谈及的。对我们学生而言，邓先生以他的名望邀请了不少学者来历史学系讲学，我知道的有国内的胡如雷、王利器、吴于廑、漆侠、谭其骧，香港的牟润孙和美国的刘子健，等等。

与邓先生相比，周一良先生是另一种类型的学者。邓先生属于国内自己培养而成名的专家，周先生则是吃洋墨水成名的，他与张芝联先生都是燕京大学的毕业生，周先生后来到美国留学。他在给学生们讲话的时候说到"一二·九"运动时，自己正在美国上学，无缘参加。与他前后留学的有吴于廑、杨联陞等，在当时的留学生之中，周先生是出类拔萃的一位，深受名家学者如陈寅恪、胡适等人的赞赏。我们上学时他与邓先生在历史学系资历最老，但他的风格有些洋化，与邓先生明显不同。周先生年纪较邓先生晚六年（邓先生1907年生，周先生1913年生），他继邓先生之后任历史学系主任，这时候的周先生又恢复了以前的形象：穿着得体，讲话洪亮，逻辑严密，精力充沛，七十多岁时仍旧骑着自行车。同学们看到周先生的神态和矫健的步伐，都感觉他的行为与年龄不相称，比实际年龄年轻许多。

但周先生的经历却相当复杂和坎坷。说复杂是与其他老师相比而言的。周先生出身世家，经历新旧社会的对比，特别是在新中国成立以后他抛弃了过去的一切，投入新时代的建设中，他受组织的调派，从魏晋南北朝史转到世界史，后来又参与各种政治活动，直到我们上学的时期才重新回归魏晋史的研究，这期间遇到种种的波折，于他而言似有被欺骗之感。我记得80年代之初，周先生正处于情绪低落之时，他的穿着也不讲究了，好像整天穿着一件大棉袄似的。后来随着周先生自己和其他人写的回忆录、纪念性文章的发表，他的内心世界和经历我们才逐渐得知，对那一段历史算是有了比较清楚的了解。

商鸿逵先生比邓、周先生的年龄都大，他给我们上过清史的专题课，我现在清楚地记得他说满族贵族晚上睡觉时喜欢在枕头底下放着一把刀，但不知为什么。他在课上讲康熙，但是说着说着就谈到了日本电视连续剧《姿三四郎》，商先生特别能讲，而且特别喜欢与学生们交流，交谈时我们根本插不上话，只见他侃侃而谈，我特别喜欢他课下的闲聊，从中学到许多知识，只可惜商先生过早地去世了。那是 1983 年 11 月左右，商先生早晨下楼散步，不慎从楼梯滑落，送到北医三院后未能抢救过来。他的二公子商铨是我们研究生时期的同班同学，他的话特别多，这点与商先生很相似。商先生去世后，商铨就转到许大龄先生门下受业。

吴小如先生开设的《左传》选修课我参加了。吴先生特别有怀旧感，他更注意外表穿着，头发梳理得井井有条，裤线挺直，服饰与邓先生一样属传统中式；吴先生的情感也很中式，他在讲课中所谈的内容和语气，都让我联想到传统的士大夫或知识分子的形象。吴先生也是有家学的传统，他对此也很看重。说到这里，我想起张寄谦老师在编辑邵循正先生《素馨集》之后撰写的一篇文字里曾说过这样的话：像邵循正先生这样的学者有深厚的家学传统，本人又天资聪慧，加上勤奋好学，留学国外，受到良好的中西学术熏陶，他们的起点较之苦寒之士，显然具有优越的条件，他们的文化境界和学术水平，非一般学人所可企及。张老师既是描述事实，也发出无限感慨，只有深谙其境者才有如此之感叹！北大历史学系中的周一良、张芝联、吴小如等先生大致都可以归属这类学者。

四

上述老师和先生是我曾经跟随学习、听过课的，也有几位是听过讲座和在系里会上所闻所见的，还有许多老师我不是很熟悉，交往很少，这里就不多说了。我在前面说过，历史学系的七年生活对我的一生有重大影响，尤其是各位老师和先生对学术的执着追求，以及在追寻过程中所表现的精神气质，对我们这些学生产生了深厚而长久的影响。毫不夸张地说，这种品性对我而言，是促进我进步、激励我事业的动力。在今天的形势下，我觉得回忆和发扬老师的治学精神，对我们自己如何工作，如何敬业，都有示范性作用。现在，学术界和思想界到处都在谈论学术研究的品德和规范，高等院校也多设计奔向国际一流的发展规划，这些都无可厚非，只要自己条件具备，都可以树立远大目标。然而今天高校在办学过程中太急功近利，尤其是以行政尺度量化教学，特别是学术研究，学者们整天陷入琐碎或急进的研究里，真正认真思考、读书或吸收养料的时间反倒所剩无几。与我在学的 1979—1986 年相比，现在的物质条件要好得多，但我们的学术研究太过功利化，对古代史而言，像过去人们凭靠研究者自己的专长和兴趣进行研究的越来越少，像老师们当时做学问的那种情景似乎也少见了。所以我总的感觉是今天的学术成果成倍增加，但有真正学术意义和高质量的、经过潜心研磨的产品所占比例，似乎不算太大。在这种情况下回想起上学时期的各位老师的音容笑貌，不仅有亲近感，也更值得回味和学习。

作者 1979 年至 1986 年在北京大学历史学系学习，现为中央民族大学历史文化学院教授

我的严师、恩师、良师罗荣渠

牛大勇

 1978 年，我考入北京大学历史学系时，罗荣渠老师尚属"中年教师"之列，主讲拉丁美洲史。那时专业划分得很清楚，我是中国史专业的学生，几乎没机会选修他的课，但他发表的一些论文，在学术界影响很大，我拜读过。在差不多每隔二十年就会出现一轮的"中国先祖是美洲大陆发现者"的热议中，他分别在 1962 年、1983 年以严密细致的论证，指出中国先祖并不具备这个条件和能力，学术界因此便冷静了一些。出于对国家面临的重大问题的敏锐感觉和兴趣，他跨越学科分界，从拉美史、门罗主义研究走向美国对外关系史研究。特别是在中美关系史这个有待突破的研究领域，他马上带来了新的学术活力。

 当时，随着改革开放的新局面和中美关系的新发展，学术界开始激烈争论是否只能在"友谊还是侵略"的思维框架中审视中美关

图 1 20世纪70年代末，罗荣渠先生在北京中关村23楼家里。罗荣渠家属供图

系史？是否只能将美国对华关系史归结为侵华史？争论从《历史研究》《世界历史》《近代史研究》这样的顶级史学期刊蔓延到诸多刊物，背景是改革开放后不同思想理论和实际政治经济走向在探索中发生的碰撞。罗老师在1980年第3期《历史研究》上发表了《关于中美关系史和美国史研究中的一些问题》提出：实践是检验真理的唯一标准，理论必将随着实践的不断发展而发展。中美关系史的性质必须根据历史的实际演进，分阶段加以概括，不能因为美国后来成为头号敌人就认为其在一切历史时期都对华为害最烈。例如，鸦片战争以前两国是相对平等互利的关系，鸦片战争以后美国有一个从追随到主导列强侵华的过程，在世界反法西斯战争中，两国又结为盟

友。又如，争议很大的美国对华倡导"门户开放"政策问题，罗老师认为其客观效果和主观意图既有联系又有区别，对复杂的问题只能具体分析其复杂的因素，不能简单地下结论。

罗老师的这些论点，在学术界得到广泛认可，对我们这一辈同学的治学思路有深刻的影响。我在敬佩之余，对他论述的一些具体问题尚存疑。后来我根据原始材料撰文指出，列强的保持中国"门户开放"政策，是英国1898年3月最先提出并向各国倡导，后来传输给美国的。前人研究中提过这个事儿，但被后人忽略了。另外，美国1899年9月对列强先后发出的在华实行"门户开放"政策的第一批照会，措辞是看碟下菜，各有不同。其中，给英国等国的照会中，就明确说出其目的是"助成加强清帝国政府和维持中国完整所急需的行政改革"。这些原始材料并不难找，但争论的各方都忽略了。对于英美推行这种政策的缘由，我也提出了自己的分析。对我这篇发表于《历史研究》的补正文章，罗老师表示赞赏。

罗老师在美国史和中美关系史研究领域很快奠定了学术引领地位，佳作连篇，成为全国性的相关学术会议的主题报告者或研讨主持人。1985年11月，在复旦大学召开全国首届中美关系史学术讨论会，我因刚在《历史研究》上发表了一篇北伐时期美国对华政策问题的争鸣文章，被召集会议的汪熙教授邀请到会。我们那场讨论就是罗老师主持的。那时我年少气盛，逐点反驳争鸣对手在会上对我的批评，情绪稍显激昂。罗老师马上制止我继续讲下去。回京后，他遇见我，给我讲了争鸣应注意的方式方法问题，我心悦诚服，对那位老先生一直保持着尊敬。

次年10月，在陶然亭召开了一次以中美青年学者为主体的

1945—1955年双边关系史学术讨论会，罗老师担任中方代表团的顾问。会外，他把参会的美国著名学者入江昭教授请到北大历史学系，作了一场专题报告。在人们心目中，他们二位分别是中美两国亚太国际史研究领域的春秋鼎盛的史学大家，得以亲聆他们的报告和评论，难能可贵。他们之间的学术交谊，也一直持续着。直至我1997年到哈佛大学做访问学者，和入江昭先生谈起往事，他还表示了对罗老师的怀念。

我们进入北大后，发现历史学系的老一辈史学家对撰写和发表学术成果，持两种不同的态度：一种观点认为，学问是人内在的涵养、修炼和追求，读书和求知没有止境，写作和发表是次要的，不够成熟和完善的历史认知，不要拿出去发表；另一种观点认为，学问是一个求索、切磋和交流的过程，恰恰因为历史认知永无止境，所以写作和发表是重要的，以此才能求得同道、读者之间的互学互动，在切磋和批评中走向成熟和完善。持这两种不同意见的前辈，都赞同"板凳宁坐十年冷，文章不写一字空"。即使主张写作和发表很重要者，和当下学术界那种出于功利目的而宣扬"不发表就是消亡"的法则，也不在同一境界。

记得有一年北大历史学系举行研究生论文评奖大会。我作为评委中的青年教师，对参选作品加以讲评之后，顺口鼓励同学们今后要"多读书、多思考，多写作、多发表"。随即有一位老前辈走上讲台，开门见山地表示不同意"多写作、多发表"，希望大家还是要沉下心去做学问，不要汲汲于写作和发表。我闻之顿感惭愧，觉得是自己肤浅了。这时，罗荣渠教授走上讲台，结合自己从西南联大一路走来的治学体会，表示还是应该提倡多写作、多发表。他形象地比喻：当学问凝聚在自己的脑海中时，好像是一种混沌的气体状态。当把所得学问讲述出来时，好像是流动出来而可塑的液体状态了。当把自己的学问写出来的时候，则是经过字斟句酌而相对物化的固体状态了。这种变成文字状态的学问，才便于传播和改进。他这番话把我从惭愧中解救了出来。我更坚信写作和发表，是努力治学和切磋改进的必要途径，也是有利于人类知识的创造、积累和流传的有效方式。

1989年暑期后，处于学术起步阶段的我，陷入空前烦恼的境地，对治学方向也一度感到困惑。在这人生的十字路口，田余庆先生、马克垚先生对我的研究路数予以充分的肯定。邓广铭先生每次碰到我，都和蔼可亲地和我拉话，谈古论今，谆谆开导。罗荣渠先生这时已经开启了他认为对国家更为重要的现代化比较研究，连年发表煌煌大作，成就骄人。大概是为了安定我的情绪，他特意委托并无现代化研究经历的我，协助他选编一部论文集《中国现代化历程的探索》。他在出国前把选编思路和已经搜集到的论文都交代给我，让我继续搜集一些有代表性的文章，并翻译几篇外文论文。这使我那段时间能排遣烦恼，潜心在陋室中钻研。我知道他对学生甚至同事的学术要求非常严格，动不动就直言不讳地批评。他的学生都挨过批评，有的还被他淘汰。所以，我领受他布置的工作，一则以喜：难得严师的指导；一则以忧：怕是交不了差。这种心态让我只有倍加努力了。罗老师回国后，对我的工作似乎尚感满意，认为挑选的论文还算上乘，翻译的英文还算通达。其实，那些社会学外文的专业术语十分难懂，我的翻译难免生涩。他表示满意，主要是出于鼓励吧；我还是知道自己几斤几两的，只是庆幸这次答卷算是过关了。

图 2　罗荣渠与学生在一起。北京大学图书馆供图

　　但接着我就在罗老师那里碰了壁。那年国家社会科学基金课题中有中国现代化问题的研究，我就一时忘了自己几斤几两，匆匆忙忙地写出一个中国现代化研究的课题申请，兴冲冲地拿给罗老师看，希望得到他的支持。罗老师是国家社科基金的评审委员，我知道他对世界现代化进程的比较研究，归根结底是瞄着中国现代化进程这个大目标的，所以我很期望得到他的支持。过了两天，他把我叫到家里，毫不客气地说："你写的申请，我看过了，不行！我不支持你这个申请，你根本不具备这项研究的基础。"哎哟，这一兜头冷水泼得我，只觉得痛快、服气，又找回自己几斤几两的感觉了。

　　大概在 1991 年下半年，根据苏联阵营解体、国际冷战结束后各国档案陆续解密的新形势，著名的美国威尔逊国际学术中心

（Woodrow Wilson International Center for Scholars）设立了冷战国际史研究项目。罗老师大概是为了帮我摆脱困境，指点我去申请这个项目做访问学者。他是这个项目所邀请的推荐人之一，为我写了强有力的推荐信。新年前后，他又把我叫到家里，说已收到该项目学术委员、老朋友孔华润（Warren I. Cohen）教授的贺年卡片，其中提到已经为"Mr. Niu"做了安排。这对困顿中的我，当然是个好消息。后来，项目委员会发来了正式通知，给我提供了为期一年的访问学者全额奖助。这也是迄今为止，该项目对中国学者为期最长的奖助了。虽然我的出国手续又遇到一些意想不到的麻烦，但到 1992 年底终于成行，由此我步入了冷战国际史研究的新领域。这些事使我深深感到，罗荣渠先生在我的学术道路上是一位严师，也是恩师。

我回国后，罗先生已经是现代化研究的国际名家了，正在组织学术团队进行世界现代化进程的比较研究。那时，频有一些人以冷战时期美国某些政客和学者曾试图以现代化对抗共产主义为由，给现代化研究贴上"资本主义学说"的标签，纠缠于"姓资姓社"的问题。在同辈知识分子中，罗老师是长期熟读马克思主义经典著作，也是非常熟悉"革命话语体系"的学者。他引经据典，论证现代化是马克思主义的要义之一，也是共产党人长期为之奋斗的目标之一。他尖锐地指出，干扰和破坏中国现代化进程，是日本帝国主义的侵华罪行之一，也是"四人帮"为代表的"左"倾祸国的恶果之一。在一时思想混乱、议论纷纭的情况下，他以"苟利国家生死以，岂因祸福避趋之"的士人襟怀，不畏艰险，敢于担当，披荆斩棘，和全国同道们一起，坚韧不拔地开拓着富有中国特色的现代化理论和实证研究。于是，他从对世界现代化的比较，果断地转入了最迫切、

图 3 1991 年 12 月 29 日，罗荣渠教授与北京大学历史学系教师在二院与日本学者金子治合影。左起依次为李玉、牛大勇、罗荣渠、张秀成、马克垚、金子治。本文作者供图

最敏感的中国现代化进程研究，系统地阐发对这个亟待创新而又很有风险的问题的真知灼见。

吾辈可能不大了解，"文革"期间，世界史的教学与研究一度中断，罗老师随时代潮流钻研马克思主义之余，曾投入相当精力研究中共党史和中国现代史。至90年代中期，他既有长期的理论积淀，又对中外相关领域的成果和论点了如指掌，创新思维达于高潮，创

图 4　1995 年 11 月 16 日摄于广州某公园。左起依次为牛军、汪朝光、罗荣渠、牛大勇、陶文钊、杨群。本文作者供图

作方法驾轻就熟，文思泉涌，笔锋雄健，每年都有一批颇有创见的论文问世，有时一年就能在《历史研究》上发表两篇大作，这是史学界罕见的纪录。1996 年 2 月 16 日，在全系教师的新春团拜会上，他兴奋而又自信地对大家说：我今年打算每个月发表一篇论文！我相信，他说这个话，是胸有成竹的。

可惜，天不假年。正值创作高峰期的他，却遽然去世了。2018 年 4 月 5 日，突然传来他骤发心脏病，正在北医三院抢救的消息。当我赶到病房时，正撞上医护人员撤出一切抢救设备。简直不敢相信，斯人已逝！因为两天前我还在系里碰见他，说了几句关于我去年在《历史研究》上发表的那篇抗战胜利时美军空运一批中共将帅去前线的论文，所涉及的历史偶然性和机遇问题。当时他气色如常，

全无异样，这一下竟天人永隔了？看着他苍白的遗容，真不禁悲从中来。

这些年，我常想：哪怕上天能再给罗荣渠老师十年，甚至五年的时间，中国的学术研究一定会有突破性的进展。现代化研究是一个关乎中国与世界发展前途的跨学科重大课题，罗老师又是一个兼具宏观思维和世界视野、立论恢宏而逻辑缜密、能详征博引又通古今之变的大学者。诚如李慎之先生《痛失良史悼荣渠》一文所言：中国有大视野、大魄力，又有实实在在的学力的学者真是稀少与可贵，"荣渠未能尽展所长而猝然辞世，使我不能不为中国学术界感到深深的悲痛"。

罗老师离世对思想理论界和学术界造成的损失，从另一个角度也许可以看得更清楚。当面临世纪之交，需要草拟《高等院校人文社科"十五"规划及课题指南》时，又一度出现思想混乱。有些惯于制造"阶级斗争新动向"的人，在有关的咨询报告中，竟然把罗老师已经澄清的理论问题又搅成浑水，试图以"淡化马克思主义""淡化反帝反封建的中国近代史基本主线"为名，批判现代化研究。北大历史学系接到这个咨询报告草案后，觉得如果不严肃批驳，将对新世纪的人文社科发展造成严重误导，对中国第一大课题——现代化研究造成严重误解。于是，向有关部门递交了严正意见，要求抵制那股反现代化研究的逆流。

今天，人们已经越来越清楚，罗老师当年的论断是有根有据的：现代化研究的基本理论，很重要的一个来源就是马恩的学说。正如后来"全球化理论"兴起时，国际学术界公认马克思是全球化理论的始祖一样。这已经是不争之事实。但另一方面，令人遗憾的是，罗老师当年开创现代化研究的艰难与风险，在人人高谈现代化、全球化的今天，好像也被淡忘或有意"淡化"了。对年轻一代学人来说，那些打着马克思主义旗号批判现代化研究的文章和作者，其思想之僵化而颟顸似乎是不可理解和想象的。

有鉴于此，有必要把本人主笔的北大历史学系部分教师为维护现代化研究的正当性而撰写的意见附录于此，作为对开创者罗荣渠教授的纪念。

（编者按：原文章名为《严师　恩师　良师——怀念罗荣渠先生》，并附有《对〈高等学校人文社会科学研究"十五"规划及课题指南〉历史学咨询报告的批评意见》，兹略去）

2018 年 1 月 15 日

作者为北京大学历史学系教授

想念父亲

邓小南

父亲离我们而去，已经有十四年（本文写于2012年——编者注）了，但面对这一题目，情感上至今仍无法轻松。

在提及自己的学史经历时，我最怕听到的是"家学渊源"。在这方面，我清楚自己的差距太远。我是在而立之年才真正接触到历史学科的。我知道，我走上史学道路，父亲是感到欣慰的。但在我的青少年时期，父亲从未刻意培养或限制我的兴趣，对于我的志向选择，也从未过多干预。这是出于父亲的开明，或者他心中可能曾有什么顾虑甚至难言之痛，以前我未曾想过。回头来看，父亲对我最深的影响，应该说是熏陶渐染的"平日不言之教"。

父亲去世前，在友谊医院的病房中曾经对我说："我这个人，既非才子也非庸人，而是介乎二者之间。我的'三十功名'是从'尘与土'中爬出来的。这几十年来，我在学术上没有停顿，一是因为

图1 1936年春，邓广铭在老北京大学灰楼宿舍前。本文作者供图

有大师指导；二是因为一直处在学术中心；三是因为我所交往，包括'交战'的，都是一个时代的人物。"

父亲从贫瘠闭塞的农村走出来，对于将他带入学界的前辈恩师，内心始终存有极为深挚的感念。他不止一次回忆说："自从进入北京大学史学系读书以来，在对我的治学道路和涉世行己等方面，给予我的指导和教益最为深切的，先后有傅斯年、胡适、陈寅恪三位先生，他们确实都是我的恩师。"

父亲曾经说，解放初期江泽涵先生从海外回大陆，途经台北，傅斯年先生托他回京转达，他遗留在北京的书，都赠送给邓广铭。父亲说傅先生太不了解大陆当时的情况了，但先生的这份嘱托，这份历久弥深的师生情谊，却一直珍藏在父亲心中。1996年为纪念傅斯年先生百年诞辰，应台湾大学逯耀东先生之邀，父亲写了《纪念我的恩师傅斯年》一文，刊登在《台大历史学报》上。当时他已年近九十，想起当年的情景，禁不住涕泪纵横。文章开篇部分，说："到一九五一年一月内，我闻悉傅先生逝世的消息之后，顾不得我应与他划清界限的大道理，不禁在家中失声恸哭起来。后几天，我就接到了陈寅恪先生《读〈霜红盦集·望海诗〉感题其后》一诗，知其为悼念傅先生而作，而我却没有敢写追悼傅先生的文字。"未撰文悼念傅先生，长期以来父亲引为内疚。此文的撰写，也是希望还却心

图2　1958年，邓广铭与夫人窦珍茹和女儿可因、可蕴、小南合影。本文作者供图

中的夙愿。文章发表后，计划收入中国青年出版社的"学术文化随笔"丛书。1997年出版前，编辑打来电话商议，要删去文中"失声恸哭"一句，说是显得"敏感"。那时父亲已经住在医院，我转达了编辑的意见，父亲断然回应说："这句话不能删！要觉得'敏感'，就把全文都撤下来吧，这本书也不用勉强出了。"父亲坦率磊落的性格，即使在逆境中也表露无遗。1968年我去了北大荒，父亲则在不久之后随北大教工下放到江西鲤鱼洲。或许是怕被检查吧，他的书信通常十分简单。我却从一位东语系老师那里，得知父亲在某次大会上公开发言说："大学还是要培养人才的。"那位叔叔赞叹道："这是什么时候，你爸爸可真敢讲话！"

…………

"敢讲话"的父亲也有沉默的时候。父亲去世之后，我们清理他遗留的文字、物品，发现用层层报纸包裹、塑料绳捆扎的一些笔记本。其中有他 20 世纪三四十年代的课堂笔记，也有 50 年代的某些会议记录。其中一个深色封面的小本，记的是批判胡适的动员报告，以及各级传达和群众的批判发言。本子中夹着一张没有署名的字条，上面写着："该你发言了，你怎么一直不说话？"看着这没头没尾的一句，不难想到它的上下文，也不难理解父亲当时所面临的压力。

胡适先生牵系着父亲的学术生涯、北大记忆。当初他选定以宋史为方向，正与胡先生的殷切鼓励有关。大学四年级时他选修了胡先生主讲的"传记文学习作"课程，以《陈龙川传》作为毕业论文，得到先生的具体指导和高度评价，由此开始走上了治宋史的道路。北京大学的档案馆，至今保留着 20 世纪 30 年代学生们的选课记录。父亲毕业时的成绩单上，两门高达 95 分的成绩十分引人注目。其中一门就是胡先生的"传记文学"课程。

父亲曾经说，经历过无数次运动，经受了无数次批斗，他有屈从的时候，而未能如人赞誉的"宁折不弯"，但在他内心，一直没有放弃希望与追求。我常想，是什么力量支撑着这一代学人，在坎坷中仍能保持良知的底线，深藏自己的信念而不至沦落？父亲经常说到陈寅恪先生《王观堂先生纪念碑铭》中的文字，特别是其中"来世不可知者也，先生之著述或有时而不章，先生之学说或有时而可商，惟此独立之精神，自由之思想，历千万祀，与天壤而同久，共三光而永光"数句。这"独立之精神，自由之思想"，应该正是他们心底的向往，是中国知识分子的襟怀与风骨所系。

图3　20世纪80年代中，邓广铭与学生们在北大中古史中心。本文作者供图

　　看似人情淡薄的父亲，其实有很重情感的一面，他心中时常惦念着周围的同事老友。父亲多次说，周一良先生一辈子服从组织安排，为了工作需要，放下魏晋南北朝历史而去作日本史乃至亚洲史，仍然成绩斐然，东洋史、西洋史都能做，这是其他学人所难以做到的。"文革"结束后，父亲应邀出任北京大学历史学系主任。80年代初据说有人在内部会议上批评说，邓广铭的"拨乱反正"，不是要回到十七年前（指新中国成立后到"文革"之前的一段时间），而是要回到1949年以前，回到胡适、傅斯年的时代去。这成为父亲辞去历史学系主任一职的原因之一。这些事情他从不在家中商议，而一经决定，就一意前行。记得一天早上，他刚刚起床，就坐在床前跟我说，要向学校领导建议，请周一良先生出任历史学系主任。他说，这是

图4 80年代末，邓广铭与著名学者启功、刘乃和、叶嘉莹在北京师范大学合影。本文作者供图

图5 1995年春，邓广铭在北大。本文作者供图

为历史学系的发展着想，也是希望周先生能迈过"梁效"这个"坎"。周先生若能出来主持历史学系的工作，精神面貌和外界的感受都将会大不相同。

1983 年秋，商鸿逵先生突然过世。得知噩耗，父亲和我匆匆赶去向商伯母吊唁。路上他一直沉默不语，回家后即要我找出刘禹锡的集子，抚着"世上空惊故人少，集中惟觉祭文多"的诗句，久久不能自已。1994 年 3 月，他为《商鸿逵教授逝世十周年纪念论文集》题词，即"抄录唐代诗人刘梦得答白乐天怀念亡友元微之诸人诗之后四句，借以发抒我对商先生怀念伤悼之情：芳林新叶催陈叶，流水前波让后波。万古到今同此恨，闻琴泪尽欲如何"。

对于后辈，父亲有严格要求的一面，也有尽力护佑的一面。他不仅爱才惜才，孜孜于培育史学人才，而且希望人人都能得到良好的教育、合理的机会。60 年代前期，我的一位初中同学因凑不齐学杂费而辍学，父亲听说后，当天即让我赶到同学家中，把应该交纳的费用带给她。此后的两年中，每个学期都是有我的一份，也有她的一份。父亲说他的家乡"是真正的穷乡僻壤"，对于农村考入北大的学生，他通常多一份勉励。80 年代后期，他早离开了历史学系的教学与行政岗位，却仍会为学生的遭际牵肠挂肚，寝食不安。1989 年夏，有些学生临时决定回家却无从筹措路费，父亲知道后，毫不犹豫拿出积蓄帮助他们。毕业班学生找工作困难，父亲不管是否熟识，都想方设法为他们帮忙。父亲去世之后，学生们回到母校，曾到父亲遗像前汇报他们的成就，一个个动情失声。

"文革"结束后父亲付梓的首部论文集，是 1994 年面世的《邓广铭学术论著自选集》。当时我曾帮他校订整理旧作，处理过一些鲁鱼亥豕的问题。该书正式出版后，父亲在扉页郑重地写上"小南吾儿存念　父字"数字。看着这遒劲而略带颤抖的字迹，到今天还是忍不住落泪。

前辈已经远去，作为后来人，诸多责任时在念中。

作者为邓广铭的小女儿，北京大学中国古代史研究中心教授

真理必叫你们得以自由

阎步克

在突然接到告知周先生凌晨逝世的电话的时候，随即便后悔那些天由于太忙而没去探望，居然就没有一点预感。本来，十多年中一直帮着周先生做些收发、写作的事情，但后来我安排了一些学生轮流到周先生家帮忙。周先生说是有了"如虎添翼"之感，可是这样一来，我去周先生家就少了，跟周先生聊得就少了。

在惊悉不幸的消息之时，往事纷至。想的最多的，是初次跟周先生面谈的情景，以及本来在年初刚为周先生庆祝过"米寿"的事情。

去年一月，是周一良先生的八十八岁"米寿"。中国古代史研究中心的同事们，本来有意选一个餐馆为周先生隆重祝寿，但周先生自觉年事已高，在外面恐不方便，又刚刚迁入新居，难免疲惫之感，于是就改为前往周先生的家里祝寿了。

那天一早，我跟妻子前往清华园捧回蛋糕和花篮。蛋糕和花篮

是妻子去订的,她觉得清华园的蛋糕质量不错。祝寿的气氛温馨而
热闹,大家都衷心祝愿周先生安康,至少能享百年之寿。随后是周
先生吃蛋糕,周先生的儿子启锐把一顶彩纸的王冠戴在了周先生头
上,那王冠是跟着蛋糕一块儿来的。周先生戴王冠的样子特别风趣,
蛋糕吃得很开心。大家也一人一块,分享了蛋糕,天南海北地聊着,
免不了聊到了新居,装修和布置,等等。周先生曾多年住在燕东园,
那房子很旧很暗,没法儿跟现在的新居相比。记得将无同不改幽默
旧习,他建议周先生预备一个望远镜,好用来查找书架高处的书籍,
这话让大家忍俊不禁。

可这转眼就成了往事,那些祝愿也全落了空。

在向周先生的遗体告别时,我觉得化妆师把遗容画得过重了。

图1 1983年,周一良教授(前排右一)与北京大学世界史研究室全体成员合影。
北京大学图书馆供图

图2 前排左起依次为张政烺、何兹全、周一良，周一良先生身后为
陈绍棣。约摄于 20 世纪 80 年代。孟繁之供图

而我第一次去周先生家里见面的时候，留下的印象是温和，是平易
淡泊。

我是在开始跟田余庆先生做博士生时，才初次得以跟周先生
面谈的，起因是周先生安排他的博士生杨光辉和我定期去他家里读
《世说新语》。本来，对周先生这样卓越的大学者，我作为学生和晚
辈颇觉敬畏惶恐；见面后才觉得他并没有想象中的威严和锋芒，我
多少就轻松了些。周先生对自己的为人有个评价，那就是"忠恕"
二字，而那时我的感觉也正是如此。

我对史学一直没有真正的兴趣，赶上了末班车就随遇而安罢
了，脑中转悠的总是天马行空的各色遐想，却并不入门。而那次读
《世说新语》，是几种注本和日译本、英译本互相比照阅读，逐句甚

至逐词推敲辨析，这使我多少有了点儿长进，多少知道了该如何读书，以前把书念得闲散率意了。而且，每次下午两点来到周先生家，都能隔窗见他已经伏案读书了，相形自己的懒睡闲扯，至今犹觉汗颜。

印象最深的，还是初次见面时，周先生谈的不是学问，而是他自己，他在政治风波中的坎坷经历。周先生回首往事，谈到解放天津时，中国人民解放军的一位著名将领就住在他家，那将军当时一身灰布军装，给他们讲革命的大道理，他全家为之肃然起敬；在此之后，他更为"中国人民站起来了"而衷心鼓舞，又由于是剥削阶级出身，总有强烈的"赎罪"心理，所以对党的号召一向积极响应，好向劳动人民做出补偿……一直就到了"梁效"。

当时这令我感慨不已。刚来北大读书时，曾跟着几位同学去许大龄先生家，坐下之后还没说几句话，许先生就好意地提醒说：同学们你们不知道吧，我可是"梁效"的！可想而知，那些经历在我们的老师心底，留下过什么样的羞辱和伤痕。

后来，周先生把这类回想和感受，写在了《毕竟是书生》一书中，以及其他一些杂文里了。《毕竟是书生》一书出版后，也引起一些人非议。周先生对这些非议淡然处之，我则把自己的想法，写成了《"书生"杂谈》一文，发在了"天涯"网站的"关天茶舍"专栏里面。

在那篇文章中我谈到，那些"书生"、老先生们毕生的学术建树令人崇仰，他们无谓的颠簸沉浮令人浩叹。自古以来，书生们的命运便颠簸莫测，难免被摆弄、被排挤，被帝王将相们忽加诸膝，忽弃之渊。被加诸膝也不过视同弄臣而已，时时屈从于权贵的指手画

图3　1999 年冬，周一良先生与台湾友人在家中合影。白化文摄。李鼎霞供图

脚，在政治迷宫里转来绕去；被弃之渊时，也许只有心灵尚未污染的青年学子对之还心存一分敬重。可是，对"书呆子"必定都要以天下相绳，要他们未卜先知政治迷宫的每一个暗道、夹墙和出口吗？昨天还自以为是为某个壮丽事业而奋斗，转眼就因"站错了队"而承受谴责斥骂的痛苦。

真正应该被责问的，应该是那种社会现实及其制造者吧！我自己也经历过那个时代的迷信和狂热，尽管我如今已能使用最新术语去解析"文革"阐说"良知"了；而老先生们也许说不惯某些时新术语，其反思不能令某些自任"清议"者惬意，不过，老先生毕竟是向自己掷出了石头。

写那文章时我想着，该要跳出"站队""划线"的思维，一个合理的社会应能保证书生的自由和尊严；书生岂有必要都懂政治，其学术事业没有必要为政治付出那样一种代价。曾有次见到周先生赠给田余庆先生的一把扇子，其上题字来自《晋书·石勒载记》："尝使人读《汉书》，闻郦食其劝立六国后，大惊曰：'此法当失，何得遂成天下！'至留侯谏，乃曰：'赖有此耳！'"确实，书生们研讨政治史时辨析毫发，可是未必真就懂政治，也不会趋利避祸；而政客们凭借政治经验反能洞悉底蕴，且如鱼得水，总是全身而归。

风云变幻的坎坷，未能终止周先生的名山事业。在因"梁效"而接受审查的同时，周先生开始了《魏晋南北朝札记》一书的写作。不久前跟田余庆先生谈起周先生的学术贡献，我说《魏晋南北朝论集》中的论文更有系统性，是周先生对魏晋南北朝研究的主要贡献所在。而田先生则认为，《魏晋南北朝札记》才真正显示了他学术功力的博大精湛。记得《札记》出版时周先生心情愉快，追忆了他在审查中读书写作的情景。当时我顺口说，周先生您可真是"文王拘而演《周易》，仲尼厄而作《春秋》"。周先生笑了。当然我口角之言，比拟不伦了。周先生后来在《毕竟是书生》中，用的是"韩非囚秦，说难孤愤"。他提及《札记》的写作，曾有"旧欢重拾，如睹故人"之语，书生本色跃然纸上。那才是他真正的安身立命之处。

执"清议"者对周先生的学术成就也予贬低，暗示他学术上也不够"书生"，这并不公平，属于外行的无知而已。从"反思"说，一个七八十岁的古稀老人，当然不太熟悉时下通行的笔调和话语；他在回忆时如实记述了一些事件的当时想法，而这成了被人挑剔的话柄。可在我看来，周先生在一系列文章中，坦然公开了他在历次政治运动中，包括在"梁效"中的经历和见闻，尽量给世人以真相，谁都知道这么做决不轻松；他在文中对"四人帮"的所作所为给予了尖锐谴责，揭举陈寅恪先生"独立之精神，自由之思想"之大义，由此剖析了自己的既往失足（参看《〈毕竟是书生〉出版以后还想说的话》等文）。这都是难能可贵的。

跟周先生其实我没怎么请益学问（很是惭愧），倒是谈论别的多了一些，零零散散的话题中感觉到，周先生一直在像思考历史的善恶真伪那样，反思着自己所曾经历的风风雨雨。

周先生很关心时势，每当涉及腐败现象，总是痛心疾首。有次谈到曾给周家讲革命道理的那将军，后来有了不光彩的传闻，周先生便说，郭沫若当年写《甲申三百年祭》，是有远见的！1985年访日归来后，他对我们讲，所看到的是日本社会安定、人民富足，那么对于社会主义和资本主义，应重新认识了。

我和同学们在周先生那里发尖锐议论，大抵能够得到理解和共鸣。90年代初，周先生从美国回来，我曾和几个人在周先生那里说起时事，聊了很久。那段时间我心情沉郁，私下曾有"自是维城唯武弁，从来堪溺定儒冠""长街鬼咒千里草，梦里魂伤九畹兰"之句，话语间自然言辞激切；周先生话并不多，但有段话至今还能记得——

周先生说：在国外看了很多国内看不到的资料，对几十年中经历的许多事情，又有了新的认识；《圣经》里面曾说，你知道了真理，你就自由了；而"真理"（truth）也是可以译为"真相"的，现在我知道了真相，我觉得自己已经自由了！

那番话一如既往的语气平和，却让我分外感动，再次体察到了这位古稀老人"路曼曼其修远兮，吾将上下而求索"的艰难心路。重要的并不只是已经找到了什么，更在于那"求索"的本身，就足以称得上是书生品格了。由此对周先生在自我解剖时揭举陈寅恪"独立之精神，自由之思想"之语，我就有了更深切的了解。

周先生去世，历史学系随即安排起草了《周一良先生生平》。在征求意见时，周先生的子女们来系提出，希望去掉《生平》里面"以……为指导""拥护……"等套话，希望不用婉辞，而是以正视态度来直叙周先生在"文革"中"梁效"的经历。我想这些要求实是周先生的个人遗愿，他期望在经历了种种坎坷颠簸之后，最后能以独立、自由之学人风范，留与世人。近日得以读到周先生的儿子启博、启锐的两篇酣畅激切的文字，我想其中也可折射出周先生晚年的思想态度。

王安石《读史》有言："自古功名亦苦辛，行藏终欲付何人？当时黮暗犹承误，末俗纷纭更乱真。糟粕所传非粹美，丹青难写是精神。区区岂尽高贤意，独守千秋纸上尘！"记得在推敲《周一良集》的目录时周先生曾说，把文字收全是不可能的，像日记就不能收，里面记的一些想法颇有违碍，比如其中记着他某个时候曾经想过怎么样等。听到那个想法我并没有过于惊异，因为我还知道周先生另一件激越之举，就是他90年代初呈交系党委的一份《思想汇报书》上的文字，很是敬佩。不知道那些日记有没有问世之日，好让关心周先生的师友们，透过"末俗纷纭"，更清晰地了解周先生的晚年心境。

图 4 2001 年 10 月，田余庆和周一良合影。本文作者供图

　　周先生曾用"红与黑"概括他的经历，这是他到临终都难以释怀的。关于周先生的学术成就，师友们已谈得很多很好了；而我这些文字，只是些杂七杂八的感想而已。写作时，又再次核对了周先生那次对《圣经》的引证，那句话出自《约翰福音》，原文是：

　　　　你们必晓得真理，真理必叫你们得以自由。

2002 年 1 月 22 日

作者为北京大学中国古代史研究中心教授

清商远路自徘徊

罗　新

　　我1989年秋季回到北大读研时，对于历史学不要说不入门，就连历史学系一般本科生的水平也达不到，两个导师的论著，田余庆先生的我只读过《中国史纲要》，祝总斌先生的我只读过《北大学报》上的两三篇论文。入学不久，大概基于本研究方向的一个传统，祝总斌先生带着我去拜望周一良、田余庆两位先生。表情凝重、浓眉微锁的田先生，一开口就浇了我一头凉水："从中文系、外文系改到历史系来的，少有成功的先例。"那时我并没有铁了心要长久学历史，田先生的话倒也没有让我太沮丧，不过内心还是有一点抵触，觉得他不免小看人。相比之下，笑意盈盈的周先生的话就好听得多："中文系的门槛高啊！"那时我绝对没有想到，就是这个第一次见面让我多少有些排斥感的田先生，成为我后来人生中最亲近、最重要的人之一。

研究生的第一年，只是跟着祝先生读《资治通鉴》，听各种必修和限选课，和田先生基本没有接触。让我慢慢领悟到历史学自有独特魅力的，最初就是祝先生讲授的政治制度史，有了制度史的知识和视角，读《通鉴》和正史就不那么艰难了。一般听过祝先生讲课的，终生难忘他的博学、缜密和通达，更不要说直接受惠于他那仁圣风范的言传身教了。这一年里，有一天我偶然在《历史研究》上读到田先生

图1 1947年，田余庆就读北京大学时的证件照。本文作者供图

的《隆中对再认识》，大吃一惊，原来历史论文可以写得这么引人入胜。于是找来《说张楚》《论轮台诏》，以及刚出版的《东晋门阀政治》，读得昏天黑地，如痴如醉，常觉心潮澎湃，喘不过气来，不得不休息一下。这种阅读体验，我以前除了读小说，只在读梁任公《清代学术概论》时感受过。

我开始有"入门"的感觉，是研究生第二年的第一学期。那时田先生正在写《孙吴建国的道路》和《暨艳案及相关问题》，他就着这个机会，召集几个研究生开了个《三国志·吴书》读书班。先是他自己选读一两个列传，从文献解读到史实考证，再到历史意义的阐发，再到论文的写作，是一个完美的示范。随后由我们学生轮流自选《吴书》中的某个列传，用同样的方式来讲读。我记得参加那个读书班的还有张伟国、何德章、罗永生等几位，先后在二院的小108

图2 1950年，田余庆与夫人李克珍结婚照。本文作者供图

和古代史教研室进行。田先生具体讲了什么，我自己和其他同学怎么选读的，我都不记得了，我只记得那几个月我有了醒过劲来的感觉，终于模模糊糊地明白了什么是"历史地看历史"。就是这个冬天，田先生突发心脏病。我们几个学生商量，继续开展这个读书班，去医院看望时，向他汇报了读书班仍在进行的情况，他还挺高兴。

经过了这个"入门"的阶段之后，我开始考虑是否要一辈子做历史，具体地说，就是接下来是否读博士。在多年的自我期待中，我从没设想过要成为一个学者。就此前有限的接触，似乎学者人生也不见得有什么吸引力。现在田先生、祝先生等人为我开启了理解学术魅力的门窗，但我是不是准备好了要终生投入历史学的行业中呢？职业历史学家的身份，意味着一种我很不了解、也未必向往的人生。进入硕士论文写作阶段，见田先生的机会多了一些，对他个人的了解逐渐增多，我慢慢地窥见了一个学术人生的新天地。那里没有我少年时代所向往的激烈慷慨、风谲云诡、人山人海和生死契阔，但却有我同样迷恋的透彻、从容、醇厚与仁义情怀。即使在最初接触的两三年，田先生已经向我展示了学术人生可以有多么美好，当然，那之后的二十多年，我只有越来越庆幸自己及时地走上了这条路。做自己喜欢的工作，过自己喜欢的生活，是田先生引领我进入了学术人生。

就我学生时期的学业及留校后的科研教学来说，田先生对我最直接的影响是那种持续的压力。他对年轻人总有很高的期望，对我也一样，而由于我常在他身边，这种期望就成了巨大的压力。虽然我的抗压能力不弱，但自知之明还是有的，有时会有深深的、无处可诉的愧疚。1998年夏天我陪他去南京参加魏晋南北朝史学会的年会，晚上去鼓楼上喝茶乘凉，闲聊中他说："你留校好几年了，该出一点有分量的东西了。"对于一个东游西逛还没有找到出路的研究者来说，"有分量的东西"似乎是遥不可及的。我说："您呀，对我要求不要太高了。"没想到他忽然严肃起来，说道："我可以对你要求不高，但你对自己不能没有高要求。"这个话让我想了很久。2003年出版《拓跋史探》时，他在前言结尾处写道："北大的罗新君与我长年相处，协助我搜寻资料，斟酌意见，操持各种繁杂的修改事务和电脑作业，而且反复再三。罗新现在远在哈佛大学访问研究，我期待他带回成果。"书出版后，他让正在北大读研究生的刘聪寄了三本给我。刘聪在附信里说："同学们议论，说罗老师若是读到田先生这句话，会不会吓得不敢回国了？"很惭愧，那年夏天回国时我并没有带任何像样的成果。

图3 1952年，田余庆与长女。本文作者供图

我见过田先生修改别的同学的论文，密密麻麻的，有的都改花了，需要另写一页。但他看我的论文，基本不做文字的修改，总是和我谈议题的延伸意义，可能他觉得思考深度不够是我的主要问题。因为我本科是学文学的，早年曾痴心创作，读史不免为文字或故事的表象所障，思考问题容易停留在较浅层次，说话也常流露轻脱的一面，田先生非常耐心地、有针对性地引导我，对我的影响可说是至深至久的。比如，他看了我的硕士论文初稿后，对我说："就这样吧，剩下的时间去读别的书。"过了几天他听一个同学说我的论文没有打草稿，本来是表扬的意思，但他立即把我叫去，要求我改写一遍，哪怕只是誊写一遍，说应该养成任何文稿都多次修改的习惯。我写博士论文时，每交一章，他都会反复询问还有没有可以深挖之处。那时我学力太浅，难以理解"深挖"的真实含义，实在不堪他的追问之苦。但工作以后，我逼迫自己在讨论任何问题时都多想一层，看能不能在通常的解释之外找到更有深度的理解。我自己没有意识到，有一次徐冲提醒说我特别爱用"深刻"这个词，那么至少间接的成因是田先生多年的训练和压力。

很多人都称赞田先生会带学生，我根据切身体会和多年观察，感觉他是真正做到了因材施教、因势利导。我一开始对西域史地有兴趣时，他是鼓励的，认为这样可以开阔视野，后来见我用力太猛，又提醒说不要偏离中原太远，不可忘记了拓展视域以反观中国史的初衷。这十多年我在内亚史方面用力稍多，略有所见，他一方面肯定，另一方面提示说，研究内亚史具体问题时，也要多想想与中国史的关联。正是在这样的提示下，我开始思考中国史中的内亚性问题。田先生在关键时刻的警示，帮助了我始终立足于魏晋南北朝史来观察周边，而不是游骑无归，"纵一苇之所如，凌万顷之茫然"，发展成半吊子的中亚史家或阿尔泰学家。他并不认为魏晋南北朝史比西域史或内亚－阿尔泰研究这些学科更重要，而是因为他了解我的训练背景和知识局限，知道我的长短和特点，才会及时提醒。据我观察，他对其他学生学术发展的建议和提示也都是基于学生自己的特点。比如李万生博士论文关注的是侯景之乱时期的河淮地理问题，田先生觉得万生硕士时在陕西师大有过历史地理的训练，以此研究侯景问题，可能会别有所见，所以是很鼓励的。到万生博士毕业，论文也快要出版的时候，田先生就劝他另寻题目，拓宽研究范围。田先生是这样说的："做研究应该多一些切入点，就像村屯邑居，要多挖几口井，你到现在只挖了这一口井（侯景）。"

不过我必须说，田先生对我最大的影响也许还不是或不仅仅是在学术方面。我之所以走上学术之路，不仅因为感受到了历史学的魅力，还因为看到了学术人生的可贵。这两个方面田先生都起了决定性作用。其实大多数学者的人生并不一定令人羡慕，学界生产的大多数论著也未必值得喜爱，可我的幸运在于，初涉学术之时，就

图4　1977年，田余庆先生在北大。本文作者供图

遇到了田先生。那种安详淡定、远离流俗的精神和生活状态，让我
有一种找到归宿的踏实感。二十多年来，田先生时时刷新我对于人
生的理解，我看到了学者的纯粹和人生的朴素。他经常聊起过去的
人和事，固然也流露对于恶政当道的愤怒，但对那些在极端时代做
了许多坏事因而后来恶名昭著的人，他似乎总有一种深深的悲悯，
甚至以同情的语气讲述他们的人生遭际。反过来，一些后来被评价
很高的名流人物，到了田先生的回忆里，原来也做过许多他们后来
竭力回避或予以否认的事情。我甚至觉得，田先生研究历史上群体
和个人在时势变局中的反应与选择，多多少少隐含着他对自己人生
所见所闻所思的总结。

　　这十年来，很多人鼓励田先生写回忆录，都觉得以他的丰富阅

图 5 20 世纪 80 年代，田余庆先生在圆明园。本文作者供图

历、史家见识加上出类拔萃的文笔，肯定会写出有历史价值的回忆。他一再拒绝，说出来的理由是自己一介书生，人生平淡，没有经历什么特别的波澜。但我感觉，田先生不肯写回忆录，除了谨慎的性格原因外，还有他对于自己所经历的 20 世纪悲剧般的历史似乎不愿进行系统的反思。以田先生的思维和写作习惯，他写回忆录必定与研究历史没有什么不同，而研究自身经历过的 20 世纪，和研究遥远的中古不同，似乎难以避免会时时沉浸在巨大的疼痛之中。除非万不得已，他不大愿意写怀旧思往的文字。这些年他只写了不足十篇

图6 1993年，田余庆先生在日本。本文作者供图

的回忆短文，都已辑入2014年出版的《师友杂忆》。他在序言里说："杂忆所及北大师友，多是受过苦难的，尤其是翦伯赞先生，是大苦大难。我至今不明白为什么容不下这样一批有过辉煌但已年迈的文化人？"这个感慨的背后，是无可言说的愤怒和无边的悲凉。这二十年来我大概是和田先生联系最多的人之一，聊天不算少，但我对他过去的经历还是所知有限，一个非常重要的原因，就是他并不那么喜欢怀旧，我猜想那还是因为"过去"本身过于沉重了。

有个道理我是近几年才明白的。我有时会讲自己在北大同事中的朋友圈子，田先生也问得特别仔细。我告诉他，我和丁一川、张帆、陈爽是读书时的"狐朋狗友"，常年一起"鬼混"，亲如兄弟，后来又和同事李新峰、郭润涛等成为好友，形成了一个感情很深的小圈子。田先生评论说："你们现在很幸运，同事也会成朋友。"我非常吃惊，多年同事成为朋友，难道不是很正常吗？他说，经历了50年代至"文革"的高校和科研机构，同事变成朋友是很难的。后来又听他讲50年代北大的"洗澡"，即使在老教授们之间，一些过去每周一起下馆子的亲密朋友，也被发动起来互相批判，互揭隐私，多年友谊一朝荡尽。他举的一个例子就是对杨人楩的批判，最激烈的攻击就来自一个老友。后来政治形势越来越紧张，同事之间哪还敢有什么私交、私情？私下说话也都是字斟句酌，唯恐一言不慎，哪天被揭发出来成为罪证。我这才明白，怪不得我一直觉得北大的同事之间过于"君子之交淡如水"，原来也是一个历史阶段的遗产。

田先生的政治史研究都局限于中短时段，着眼点也都是时势推动下个人或小型人群的政治选择。在《东晋门阀政治》中，虽然他为这些历史人物的重大行为整理出了一个政治史的解释线索，但他回避了对"时势"本身的深层次解释。那时他对"历史进步"还抱持一定的信心，考察时势成因的动力比不上对发展趋向的期盼，因此会有全书最后一段那种俯瞰历史的浪漫和激情。到了《拓跋史探》，他似乎要提供一个更深的阐释，探明历史中的那些野蛮、血腥和黑暗，如何又发挥出推动历史变动的力量。基于这种理解，我在2008年为《南方周末》推荐阅读书目时，列入了《拓跋史探》。我是这样解释的："熟读过田余庆先生《东晋门阀政治》和《秦汉魏晋史探微》的朋友，很多都容易对《拓跋史探》持一点保留，认为无

图 7 田余庆教授在辅导留学生。北京大学校史馆供图

论在选题上还是在具体的考证上，甚至是在文字表达上，都没有能够超越《东晋门阀政治》。当然，《东晋门阀政治》是 20 世纪中国史学的重要收获之一。而《拓跋史探》是属于新时代的，尽管显露出作者老年写作难以避免的种种遗憾，但凝聚着深刻的时代体验和历史反思。与《东晋门阀政治》的乐观昂扬不同，《拓跋史探》浸透了对未来的疑虑和对往昔岁月的感伤，前者表达了 20 世纪 80 年代知识人的热情与希望，后者则源于乐观情绪被打消之后的沉郁深思。"

1997 年初夏，田先生在北医三院住院，我下午常过去陪他在住院部下面的花园散步。他说自己身体不好，自幼如此，别人说他能活到六十就算不错，没想到能活到七十多岁。前几年又是在北医三院住院，我陪他聊天，旧话重提，说您七十多岁就有这般感慨，大概没想到会有今天吧！他呵呵直乐，但又说："唉，做不了什么事。"我就说："九十岁还要写书，不是成精了吗？"其实他直到去世，始终心系学术，尤其关心最新论著和年轻学人的情况。我似乎是有责任定期向他报告近一段时间出版了什么好论著，冒出了哪些年轻人。学界后辈去拜访，他也必定打听最新动态。他有时会指示我延请青年新秀来家里坐坐。2013年底，他还询问魏斌、仇鹿鸣等几位的情况，表示要读他们的新著。2014年11月我在微博上看到仇鹿鸣看望田先生的照片，就在电话里提到，田先生问我在美国怎么还能知道，我说是网上看到的，他很惊诧：这件事还能上网啊！

我于2014－2015学年到美国访问研究，最担心的就是老人家会

图8　2012年，田先生八十八岁生日时与学生在家中。右起依次为罗新、田余庆、阎步克、陈勇。本文作者供图

寂寞，所以广托朋友常去看他，陪他聊天解闷。我每周和他电话聊天，他会介绍最近谁来过，读过哪些文章。虽然他也感慨自己精力不济，每天读书不能超过两小时，而且随读随忘，但也很达观地说："老了嘛，也只好这样了。"夏天我曾跟他说北大历史学系的研究生潘敦正在写北魏的皇后与可敦问题，到10月间他表示想读读，让我告诉潘敦。潘敦就把文章打印件给他送去了。两周前，他在电话里说，他读过了，有些意见，让我通知潘敦去见他。我竟然没有及时告诉潘敦！12月27日去八宝山举行遗体告别仪式之前，我在老人家书房里坐了一会儿，看见书桌上摊开的书和文章中，就有潘敦那篇文稿，他还在等着和潘敦谈他的想法呢。在摊开的另一本书旁边有个纸条，写着我的电话号码。

昨天去田先生家，陪师母聊天，走的时候，师母忽然怔了一下，对我说："唉，你看，我糊涂了，我正要对你说，你走怎么不跟先生说一下呢！"师母说她常常犯糊涂，总觉得先生还在。他们两位自1947年恋爱，1950年结婚，到相守终老，已经六十四年了，师母怎么可能适应先生已不在人世的事实呢？不要说师母了，就是我这个小辈，到现在也难以相信竟然已永远见不到他。走在蓝旗营小区里，感觉就是去见他老人家的。在这样的迷迷糊糊中，写这篇匆匆忙忙的纪念文字，就如谢灵运的诗句："举声泣已洒，长叹不成章。"

作者为北京大学中国古代史研究中心教授

考古撼大地　文献理遗编

——纪念宿白先生

荣新江

今天早上（2018 年 2 月 1 日——编者注），考古学家宿白先生不幸离世，享年九十六岁。从早上看到杭侃教授发来的信息，我就无法安心做其他事情了，不时翻阅着宿白先生留下的各种著作：《白沙宋墓》《中国石窟寺研究》《藏传佛教寺院考古》《唐宋时期的雕版印刷》《张彦远和〈历代名画记〉》《中国古建筑考古》《汉文佛籍目录》《中国佛教石窟寺遗迹——3—8 世纪中国佛教考古学》《汉唐宋元考古——中国考古学（下）》《考古发现与中西文化交流》《魏晋南北朝唐宋考古文稿辑丛》……

我是 1978 年 9 月入学北京大学历史学系的，当时历史学系有三个专业：中国史、世界史、考古学，我在中国史班。因为 1977 级是 1978 年 2 月才入学的，所以我们 1977 和 1978 级两个年级的所有班，加上中文系 1977 级古典文献专业的一个班，都在一起上"中国通史"

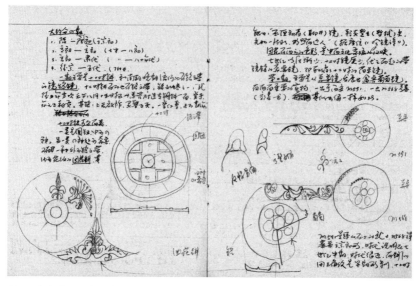

图1　本文作者听宿白先生讲课的笔记本。本文作者供图

的大课，而那时的"中国通史"讲得很细，要上很长时间，所以我们和考古专业的同学也混得蛮熟。

等到考古专业的"中国考古学"上到魏晋一段时，我已经渐渐想把自己的专业放在中古史和敦煌学上了，所以宿白先生开始讲"中国考古学"魏晋以下时，我申请选修。经过宿先生的严格考察和盘问，我被允许参加他的课程，要求除了下考古工地，一切绘图、敲瓷片等课内外的活动都必须按时参加。这个课，上下来非常累，但也收获极大。宿先生讲课，是慢条斯理地念事先写好的稿子，刚好是我们一般记录的书写速度，没有半句废话，哪一句都不能放过。最具挑战的是，他时而拿出一片纸，在黑板上补绘一幅图，把最近的考古材料介绍给我们。这张纸，常常是他吸烟后的烟盒纸，所以我们知道他一段时间里抽什么烟。可是他拿出烟卷盒这么一描，我们就要拼命跟着画。好在我小时候练过画画，大体上可以跟上，但一节课下来，握笔的胳膊总是酸酸的，但头脑充实了很多，获得的知识总是让人愉悦半天。

这个课的内容，从魏晋到唐宋，面面俱到，同时也有许多新的视角，并非平铺直叙。记得讲鲜卑人的考古遗迹，根据当时已经发现的材料，从大兴安岭到平城，勾勒出一条鲜卑人的迁徙路线，听来十分有启发。更有意思的是，后来不久，就在宿先生在大兴安岭画的鲜卑起源地的圈子中，发现了嘎仙洞遗址。这真是让我们这些对考古还啥也不懂的学子，感到十分过瘾。

真正和宿先生有较多的接触，是我上大学二三年级的时候。当时北大的一些先生开始大力推动敦煌学研究，把北京图书馆新获的法国国立图书馆伯希和文书、英国图书馆斯坦因文书和北京图书馆馆藏敦煌文书的缩微胶卷购置回来，放在图书馆 219 房间，同时又从图书馆书库中，调集五百多种中外文敦煌学方面的图书，包括《西域文化研究》等大部头著作。我当时被指派在这个研究室里值班，有老师、学生来看书，就关照一下。如果哪位老师需要找缩微胶卷中哪个号的文书，我就事先把胶卷摇到那个号的位置，等老师来看。记得有一次宿先生来看第 2551 页《李君莫高窟佛龛碑》，结果因为是淡朱笔抄写，胶卷上一个字都不显示，让宿先生很失望。对于我来说，这种老师们来的时候，是我问学的最佳时机。因此，前前后后，从宿先生那里获得许多敦煌学的知识。

到 1982 年 5 月，由邓广铭先生牵头，北大成立了中古史研究中心，宿先生也是中心的创办人之一，和邓先生一起商议，把敦煌

图2　1962年，宿白先生在敦煌莫高窟。本文作者供图

吐鲁番文书研究作为中心的四项规划之一，并且首先开展起来。宿先生和邓先生在朗润园10公寓住对门，我们经常在邓先生家见到宿先生，有时候也顺道去宿先生家里坐坐。这年9月，我开始读隋唐史专业的研究生，重点仍然是敦煌文书，所以有机会就更专业的问题向宿先生讨教。1985年我毕业的那年，考古专业已从历史学系分出去，宿先生出任首届考古学系主任。虽然人员分了，但学术未断，我毕业后留在中古史中心工作，宿先生也是中心的导师之一，所以还有很多机会向他问学。

有一次我从邓先生家出来，从三楼下来见到回家的宿先生，他让我随他上楼，说是给我看一件东西，就是《日本雕刻史基础资料集成·平安时代·造像铭记篇》第1卷（东京：中央公论美术出版，1966年版）所收京都清凉寺藏"新样文殊"版画，这是北宋时日本

图3　宿白先生去白沙发掘宋墓前在许昌专署。北京大学图书馆供图

求法僧奝然从五台山带回去的。我当时刚刚发表《从敦煌的五台山绘画和文献看五代宋初中原与河西、于阗间的文化交往》（载《文博》1987 年第 4 期），利用敦煌藏经洞保存的纸本画稿、印本文殊像，辅以敦煌《五台山赞》等文献，考证 1975 年敦煌文物研究所自莫高窟第 220 窟重层甬道底层发现的后唐同光三年（925）翟奉达出资彩绘的"新样文殊"像，是根据来自中原五台山的画稿，而不是如考古简报所说来自于阗的画稿。这一结论得到宿先生的肯定，并且提供给我大体同奝然从五台山带回日本的大致相同的版画，强化了我的看法。而且，宿先生在《敦煌莫高窟密教遗迹札记》（《文物》1989 年第 9 期）一文中，说到"五代初，新样文殊即西传莫高"，将拙文作为依据。这给我莫大的鼓励，因为我这篇文章曾经投给一个所谓"核心刊物"，被退稿，后来通过考古所的一位长辈的关系，

发表在陕西文管会办的《文博》上。没想到，这篇文章却得到宿先生的肯定，那被退稿的沮丧心情也就一笔勾销。

还有一事也浮现在脑海，那是我写了一篇《五代洛阳民间印刷业一瞥》的小文，发表在《文物天地》1997年第5期，只有两页纸，很不显眼。没想到不久宿先生就让李崇峰来找我，想看一下我发表的图版的清晰照片。这件带有题记的《弥勒下生经》刻本残片，原是德国吐鲁番探险队所得，二战前流失，被日本学僧出口常顺在柏林买到，入藏大阪四天王寺。1978年，京都大学藤枝晃教授应邀整理，编成《高昌残影——出口常顺藏吐鲁番出土佛典断片图录》，精印一百部，未公开发行，由出口氏分送好友和研究机关。这书当然在国内很难见到，宿先生也没有看到过。1990年至1991年我在日本龙谷大学访问半年，在西域文化研究会的研究室里看到这部书，用Photocopy（影印）方式复制了一本。因为我读过宿先生大多数有关雕版印刷的文章，发现这是一份新材料，于是做了一篇札记，考证这是五代洛阳民间书铺所印，特别有价值的是，"装印"和"雕字"分属朱、王两家，表明印刷术在五代时期的进步。我把Photocopy的这件残片的图剪下来，交给崇峰兄，复印了一份留底。后来宿先生编印《唐宋时期的雕版印刷》，把这张图片收入其中，并转述了我的文章结论。这既是对我的鼓励，也说明宿先生在做学问时，对于任何一个纸片，对于任何一篇小小的札记，都不会放过。

此外，宿先生还叫我到他家，询问过德国Otto Franke发表的《凉王大且渠安周造祠碑》的清晰图版，因为这座碑铭对于他所提出的"凉州模式"的西渐，是最好的证明。原图1907年发表在《普鲁士皇家科学院通报》上，我用的是放在外文楼三层阁楼上东语系图书

图 4 1998 年春，宿白先生摄于家中。白化文摄。李鼎霞供图

馆里陈寅恪旧藏的抽印本。宿先生还几次详细询问欧洲和日本对于摩尼教石窟壁画的研究情况，这与他推进吐鲁番摩尼教石窟的考古调查有关。每次去他家，我都要做充分的准备，回答问题，就像是被老师考试；而这也是请教问题的好机会，所以每次都不会错过。

关于宿先生的学问，考古方面，我不敢奢谈，这方面已有他的弟子们写过一些文章，其中尤以徐苹芳先生的《重读宿白〈白沙宋墓〉》《中国石窟寺考古学的创建历程——读宿白先生〈中国石窟寺研究〉》最为经典。徐先生是最了解宿先生学问的人，在中国与哈萨克斯坦、吉尔吉斯斯坦联合申报丝绸之路世界文化遗产的过程中，我有很多机会听徐先生讲宿先生的学问，受益良多。我在历史学系和中国古代史研究中心从事教学和研究，当然更偏重于文献方面，在我学习中古史、研究敦煌吐鲁番文书的过程中，对于宿先生在文献方面的功力，包括对版本、对石刻文献的熟悉，更是体会深刻，敬佩莫名。

宿先生利用文献材料推进考古学研究的最好例子，是大家熟悉的利用金皇统七年（1147）曹衍撰《大金西京武州山重修大石窟寺碑》（简称《金碑》），重建了云冈石窟的年代体系和后期的营建历史。我读宿先生的相关文字，最大的感受是，这么一方《金碑》，原石早已毁灭，连拓本都不存在，可是元朝末年的熊自得撰《析津志》时，过录了这方碑文。《析津志》撰成未及刊印，明初编《永乐大典》时，分韵抄录《析津志》文字。到清光绪十二至十四年（1886—1888），缪荃孙从国子监借抄《永乐大典》天字韵所收《析津志》文字计八卷，《金碑》即在其中。后来相关部分的《永乐大典》又毁于庚子（1900）八国联军，只有缪荃孙抄本保存下来，经李盛铎而入藏北大图书馆，为宿先生发现其价值。仅此一失再失的文本，转抄而秘藏的文献，就已经让人看得头晕目眩，更何况发现其中所记，原本是有关山西大同云冈石窟的一篇重要的文字，而这篇文字是做了几十年云冈考古的日本学者压根也不知道的云冈石窟营建史料。这没有一定的文献功力，怎可能慧眼相识。

其实，这样的发现不止于此。对于敦煌莫高窟营建史的研究，最重要的文献是原立于 332 窟前室南侧的《李君莫高窟佛龛碑》（简称《圣历碑》），可惜在 1921 年，碑石被流窜来敦煌的白俄军人折断，上截碑石已佚，下截残碑现存敦煌研究院陈列中心。宿先生却在北大图书馆收藏的数万张拓本中，找到刘喜海、缪荃孙递藏的碑石未断时拓本，再利用法藏 P.2551 敦煌抄本，复原出原碑形式，并整理出完整的碑文。在此基础上，宿先生利用碑文所记从乐僔、法良，到东阳王、建平公，在相关的系列文章中，对莫高窟早期的营建史，

图5 2000年，宿白先生在云冈石窟。本文作者供图

作出自成体系的解说。如果不是对石刻文献烂熟于心，是无法从大海里捞到这样的珍宝的。

　　同样的例子还有北宋吕大防主持刻制的《长安图》碑，原石金元时已毁，拓本也不见流传。清末有残石在西安出土，旋又散失，但有拓本流传。此前学界所利用的材料，是20世纪30年代日本学者前田直典据邵章所藏拓本拍摄的照片，以及1955年平冈武夫据这套照片所绘制的线描图。事实上，邵章旧藏拓本保存在北大图书馆

图6　2002年5月，宿白先生在北大考古学系成立五十周年暨宿白先生八十华诞庆祝大会上讲话。北京大学档案馆供图

善本部，而且北大还藏有一套散装的未曾发表过的残石本，其中有邵章藏本缺失的内容，还多出一块西南郊的残石。也是宿白先生在2001年发表的《现代城市中古代城址的初步考查》（《文物》2001年第1期）一文中，首次提到并利用北大收藏的这两种《长安图》拓本，推动了长安城的考古研究。现在，北大图书馆善本部金石组的胡海帆先生已经把这两组拓本整理发表在《唐研究》第21卷上，对于长安考古、历史等方面的研究，一定产生更大的影响。

在唐宋墓葬考古方面，文献材料的重要性更为重要，特别是堪舆家撰写的地理葬书，更直接有助于解剖墓葬内部结构。宿先生在发掘、整理白沙宋墓时，就利用了北宋仁宗时王洙等奉敕编撰的《地理新书》，在所著《白沙宋墓》一书中，特别说明此书在考古学上的特殊价值。我们知道，《地理新书》在金明昌年间由张谦校正刊行，但现在所藏只有国家图书馆和原中央图书馆两个清代影抄本。北大图书馆李盛铎旧藏书中，有元覆金本，这当然不会逃过宿先生的法眼。更重要的是，他不仅读过，而且将其合理运用到考古学研究当中。过去我读《白沙宋墓》，对此书印象深刻，但保存在善本书库的书，毕竟不方便阅览。台湾集文书局在1985年影印了原中央图书馆藏抄本，我立刻托友人郑阿财先生购得一部，在后来的教学、研究中起到很大的作用。如此这般，都是承蒙宿先生的学恩。

宿先生对北大图书馆宝藏的熟悉，并不仅仅限于文献、石刻，数量不多的敦煌吐鲁番文书写卷，他也非常熟悉。他在内部发行的考古学教材中，曾提到北大图书馆藏的北凉赀簿，引起朱雷先生的注意。朱雷在宿先生的帮助下，在北大图书馆得见原件，撰写了《吐鲁番出土北凉赀簿考释》（《武汉大学学报》1980年第4期），结合科学院图书馆所藏同组文书，考证其为《北凉高昌郡高昌县都乡孝敬里赀簿》，大大推进了十六国时期的田亩赋役制度的研究，也为后来吐鲁番文书的整理，提供一件标本性的文书。这件对于敦煌吐鲁番研究颇有意义的成果，也应当说是拜宿先生之赐。

翻阅宿先生的考古著作，文献材料不时跃然纸上。今天，我们拥有更好的考古工具，也有更为强大的文献数据库，但阅读才有发现，发现才有创新。宿先生一生教书育人，桃李满天下，他给我们留下的研究方法，在新的条件下，必将产生更大的效力和影响。

作者为北京大学中国古代史研究中心教授

春蚕到死丝方尽

——悼朱光潜老师

邹士方

当我得知朱光潜先生逝世的消息时，已经是三月六日（本文写于 1986 年——编者注）的下午。

我几乎不敢相信这是真的，因为在一个多月前我还去拜望过他，同他谈了话，中午他留我与他同桌共餐。我看到他由人搀扶已经可以走动，并能写字，精神状况也比去年好多了。朱师母给我看了他写的挽胡愈老的联语："以刻苦耐劳做了一世穷苦青年的楷模，以端方正直做了一代政治家的榜样。"随后我把联语发表在《人民政协报》的《华夏》副刊上（1986 年 1 月 31 日）。我以为春天来了，他的身体一定会一天天好起来。谁料想这一面竟成永诀！

我马上给奚今吾先生（朱师母）打了电话，表达我的痛悼之情，并希望她节哀。

第二天下午我来到北京大学燕南园，望见 66 号那熟悉的两层

图1　朱光潜（右）、周培源、作者（左）合影于朱寓。朱光潜题字。摄于1980年。本文作者供图

小楼，我的泪水夺眶而出，我曾经在这里同朱老度过了多少美好的时光！

　　到这儿看望和慰问的人络绎不绝，冯友兰先生由他的女儿宗璞搀扶着颤颤巍巍地来了，民盟中央的高天、叶笃义同志来了……

　　见到朱师母和朱老的大女儿世嘉、大女婿姚秀琛及小女儿世乐，他们告诉我：这次是三月五日上午突然发病，由脑疾引起呕吐，两点多钟才从北大找到救护车去友谊医院，路上朱老已陷入昏迷状态，经一路颠簸，三点钟才到医院，太晚了，抢救无效，终以脑出血于三月六日清晨辞世。世乐告诉我，朱老临终前虽无什么遗嘱，但他在两年前就不止一次地告诉家人，他百年之后丧事从简，不搞向遗体告别仪式，不开追悼会。所以家人现在只准备向各方面友好发一纸讣告通知一下就行了。她哽咽着说，父亲生前总说自己是一个普

图2 朱光潜在寓前。邹士方摄于 1980 年 9 月

普通通的人，死后也要做一个普普通通的人，不要大家纪念他。本着他的这种精神，我们最后给他穿的是他日常穿的那套普通的蓝布制服。她激动地告诉我，昨天赵炜同志受邓大姐的委托来家中看望过，赵炜同志说邓大姐对我父亲主张不搞遗体告别仪式和追悼会的精神表示钦佩！

我的泪水再一次涌出来。作为一代美学大师的朱老就是这么个朴素平易的人，从与他的相处中我深切地感受到这一点。

余生也晚，到北京大学读书时朱老早已不执教鞭。我与他相识是在 1978 年 9 月，那时北大恢复了学生社团五四文学社（我是该社团的负责人之一），聘请朱老为文学社顾问。我作为一个晚辈、一个普通的学生开始同老先生交往起来。由于我对美学和文艺的喜爱，同先生有了不少共同语言。我常去寓中与朱老晤谈或陪他散步。他几乎没有把我视为他的学生和晚辈，而只是看作一个忘年之友。他没有一点架子，对我无所不谈，真诚得像一个少年。以后他每出版一本书必题款签名赠我，开始称我为"学友"，后来称"老学友"，使我实在承受不了。为勉励我，他几次将他喜爱的格言和古诗书赠予我，使我受益

图3 朱光潜在北大未名湖畔。邹士方摄于1981年

匪浅。毕业时他赠我"以出世的精神做入世的事业"一联，更使我对他"忘我"的精神有了理解。

毕业后，出于对先生的尊敬，我在报刊上陆续发表了十多篇文章，介绍他的生活和学术研究情况。先生知道后，一再说不要写他。今年（指1986年——编者注）五六月间我尚有三篇研究先生的生平及学术思想的文章将要发表，而先生再也看不到了！

先生匆匆去了，他一生坎坷，几经磨难，老而弥坚。晚年奋发学习马列主义，用马克思主义的"美学的实践观点"指导自己的研究，为了寻求真理的更高境界不断地在崎岖的山径上攀登。盖棺论

图4 1984年前后，朱光潜与西语系的学生们亲切交谈。北京大学图书馆供图

定，我觉得我们对他的一生应有一个公允的评价，特别是对他晚年的可贵探索应持肯定的态度。

朱光潜先生是我国现代美学的开拓者和奠基者之一。他是我国当代最负盛名并赢得崇高国际声誉的美学家。他为美学在我国成为一门年轻的科学立下了卓越的功勋。正是由于朱先生的倡导和草创，人们才知道"美学"这个名称。朱先生的名字与"美学"这个名称就这样"合二而一"了。这也就是他被大家尊崇为"美学老人"的原因。朱先生也是我国现代比较美学和比较文学的拓荒者，他的《诗论》就是我国比较美学的典范作品。

新中国成立后，朱先生经过对自己以前的唯心主义美学思想的自我批判，经过学习马列主义，提出"美是主客观的辩证统一"的美学观点，并以马克思主义的"美学的实践观点"不断丰富和发展

图5 冬日阳光里的朱光潜。邹士方摄于1985年

自己的美学思想，形成了一个颇有影响的美学流派。粉碎"四人帮"以后又对马克思主义的经典著作《1844年经济学哲学手稿》等进行系统、认真的研究，对一些译文提出了修改意见。所有这一切给我国思想界、学术界、文艺界带来极大的影响，为建立我国的马克思主义美学体系和文艺理论体系作了不可估量的贡献。作为一位翻译家，他翻译的理论著作数量之多，在我国翻译史上是罕见的。他对黑格尔的一百一十万字的巨著《美学》的翻译，奠定了他历史性的地位。他那丰富多彩的论著和译文为我国的美学研究和文艺理论研究铺平了前进的道路。

先生从1980年开始翻译马克思推崇的意大利美学家维柯的四十万字的《新科学》，耗尽了自己的心血。但他生前未能看到这部书和他的文集的最后一卷的出版，我以为这应该算一件憾事。

图6 朱光潜先生八十八寿辰时，与夫人奚今吾在燕南园66号家中合影。
北京大学档案馆供图

　　然而先生自己是没有遗憾的，因为他临终前没有留下什么话，
飘然去了。

　　悲痛之际，我倒记起先生曾说过的话："只要我还在世一日，就
要做一天的事，春蚕到死丝方尽，但愿我吐的丝凑上旁人吐的丝，
能替人间增加哪怕一丝丝的温暖，使春意更浓也好。"先生去了，
在春天里去了，先生的音容笑貌已融化在满园春色中，每当春天来
临的时候，我们都会想起您，一个普通学者的精神！

三月八日

　　作者为著名画家、美学家，1977年至1982年在北京大学哲学系
学习

湖畔漫步者的身影

——忆念宗白华教授

刘小枫

　　20 世纪的岁月已逝大半，那些随这个即将成为过去的世纪而逝去的老一辈学者留下了什么样的风尘身影呢？

　　如今，学术界已开始回顾与这个不那么称心如意的世纪同龄，从大灾大难中过来而又悄然逝去的一代学者。这一代知识分子被冠以"五四"一代的桂冠，由此标示出他们曾经有过的意义追寻。熊十力、金岳霖、陈寅恪、唐君毅、梁宗岱、朱光潜、宗白华……无数"五四"一代知识分子曾经以自己青春的激情，依凭学术研究反抗过在这个世纪中发生的意义毁灭和意义颠倒。对于半个多世纪以后出现的"四五"一代知识分子来说，他们的前辈——"五四"一代知识分子的形象很亲切。然而，这两代知识分子毕竟是两代人。

　　一个有趣的也是"四五"一代知识分子恐怕无法回避的问题是：现代汉语知识分子在反抗历史中的意义颠倒时，历史颠倒过他们没

图1 "佛头宗"——宗白华先生。邹士方摄于辛酉年（1981）春节

有呢？知识分子在精神上与历史这个恶魔的搏斗，究竟谁输谁赢？这一问题涉及学术是否应该或必得屈从于历史，是否应该或必得把决定世界的意义形态的决定权拱手让给所谓的历史规律。这一问题当然也不能掩盖或取代另一问题：现代汉语学者在反抗意义颠倒的同时，他们自己是否曾颠倒过意义秩序。

这些都不过是些空话、大话，无聊得很的问题。区区一介书生，怎能与历史相提并论？他们的精神和人格至多不过是历史的点缀，历史走自己的路，不会理睬一介书生的意义追求，尽管糊涂书生也不知道这历史为何许人也。据说，只有那些主宰过几代人的命运，制造过无数人的悲欢离合的人，历史赐予他的身影才最庞大。

比起那些叱咤风云的历史人物来，宗白华教授留下的身影过于淡薄；比起其他著作等身、有鸿篇巨制留世的学者，他的著述明显过于零散，没有哪怕一部部头稍大的作品传世。在书籍淹没灵性的当今世界，诚挚、透明的心性可有一席之地？宗白华教授留下的身影并不伟岸，对我来说，却非常亲切。宗白华先生已去世一年，他的风尘身影仍然留伴在我身旁……

一

我刚进北大就听说，宗白华教授喜爱散步，尤其喜爱漫步于啸林湖畔和文物古迹之林。随着清丽飘洒的《美学散步》问世，这位美学大师作为散步者的形象更活灵活现了，仿佛宗白华教授真是清林高士一类人物。

一天，我例行去见他，不巧未遇。宗师母告诉我，他上外面走走去了。我转回去，刚到未名湖，就看到宗老先生身着旧式对襟布衣，肩上搭着个小布袋，拄着手杖，正匆匆往家走。看上去，他显得十分疲累。尽管他对我说出去散了散步，我却看不出一点散步者的心态。

所谓"散步"，不管是从日常生活来讲，还是就隐喻而言，都具有轻松悠闲的意味。无论如何，《少年中国》时代的宗白华绝不是散步者的样子；游欧回国后的宗白华，也不是文物艺品之林的散步者。《少年中国》时代的宗白华对儒道哲学的尖锐抨击，在他成熟后的思想中虽已销声匿迹，此后看到的大多是对孔、庄人格的赞美，但这并不意味着他已改宗"散步"哲学。明则"论《世说新语》和晋人的美"，隐则"论文艺的空灵与充实"，《少年中国》时代的宗白华对生活的深挚和热情，依然不减当年。

图2 宗白华在未名湖畔诗碑前 。邹士方摄于 1981 年 12 月 5 日

　　如果说，晚年宗白华的形象是"散步者"，那么，这种形象是否真实？如果这位曾立下夙愿要"研究人类社会黑暗的方面"的诗人和学者，在晚年改宗了"散步"哲学，那么，这种情形是如何发生的？这些，至今都仍是问题。

　　作为美学家，宗白华的基本立场是探寻使人的生活成为艺术品似的创造。这与美学家朱光潜先生有所不同。朱光潜乃是把艺术当作艺术问题来加以探究，其早年代表作《文艺心理学》《诗论》，以及晚年代表作《西方美学史》——尤其该书的基本着眼点和结束语，都充分表明朱光潜先生是一位学识渊博的文艺学家。但在宗白华那里，艺术问题首先是人生问题，艺术是一种人生观，"艺术式的人生"

才是有价值、有意义的人生。宗白华、朱光潜这两位现代中国的美学大师，早年都曾受叔本华、尼采哲学的影响，由于个人气质上的差异，在朱光潜的学术思考中虽也涉及一些人生课题，但在学术研究的基本取向上，人生的艺术化问题在宗白华那里，始终起着更为决定性的作用。

《少年中国》时代的宗白华，面对时代的混乱、人心的离散、民族精神的流弊，深切感到人格的改塑乃是最为首要的问题。要改造"机械的人生""自利的人生"，必须从生命情调入手。这些论点明显带有对现代性问题作出哲学反应的意味，恰如20世纪初德国生命哲学（狄尔泰、齐美尔、奥依肯）是作为对现代性的精神危机问题作出反应而出场的。

毫不奇怪，本来就重视生命问题的青年宗白华，在接触德国哲学时，很快就与当时流行的生命哲学一拍即合。看得出来，青年宗白华熟悉齐美尔的著作，在他留欧回国后的主要论文中，有明显的斯宾格勒哲学思想的痕迹（例如他十分强调的空间意识这一概念）。严格地讲，宗白华先生首先是一位生命哲学家，而且是中国式的。

中华生命哲学与日耳曼的生命哲学毕竟有实质上的差异，现代中华式的生命哲学，据我看，王国维之后，非宗白华莫属。

二

20世纪50年代初，全国各主要大学教外国哲学的教授，通通被调集到北大改造思想。北大的哲学系师资，顿时显得极为雄厚。宗白华教授从南京来到北京，从此就再也没有回过他从小生长、学习和从事教育工作的江南。

最初，宗先生住在燕园南阁，伴着孤灯一盏，潜心研读他喜爱的康德。几年过去，热热闹闹的美学主客观立场大争论开始了。对这场牵动许多美学家的立场的争论，宗白华教授并不那么热心。不过，他也多少采用了一些客观论的说法。看得出来，他觉得客观论并没有什么不好。

让人感兴味的是，就在这个时候，宗白华开始称颂不那么客观的庄子在山野里散步，并表明了自己的散步态度：散步自由自在、无拘无束，可以偶尔拾得鲜花、燕石，作为散步的回念。

给宗白华的思想挂上客观论或主观论的牌子，会显得可笑。对他来讲，这些都是身外之名，与生命无涉。生命是主观的还是客观的，有此一说吗？

宗白华真的开始散步了？

为什么他偏偏在这个要求"统一思想"的时代提出"散步"哲学？"散步"与学术有什么关系？

宗先生家的书房里挂着各种国画，其中有两幅静物。一次，我同宗先生聊起静物。一谈到艺术，他总是滔滔不绝，但也相当简练。他说：

　　静物不过是把感情注入很平常的小东西上；其实，中国早有这种传统和潮流，宋人小品，一只小虫、小鸡，趣味无穷，这发端于陶渊明把自己融入自然的精神，不是写人、写事，而是写表面看来平淡无奇的自然物，在小品、小物、小虫上寄托情思。西人以往重历史和人物，近代才重静物；中国早先重个

图3 宗白华在北大图书馆前。邹士方摄于 1981 年 12
月 5 日

人，后来就重历史，至今如此。而且，中国历史上不重视文化
史，只重政治史，二十四史都是政治斗争史。

"五四"一代学者，许多都在自己的后半生或晚年转回来研究中
国的传统文化史（思想史、学术史、美学史、文学史），这里大概多
半有某种"移情"心态。虽然他们早年大都受过西方学术的训练，毕
竟是中国人，即便毕生主要研究西方美学的朱光潜先生，实际上依然
是"现代儒生"。

宗白华先生晚年对中国美学思想的散步式研究，明显寄托了无
限情深。《三叶集》中的宗白华曾表示要"仍旧保持着我那向来的

唯美主义和黑暗的研究",于是我想知道,唯美主义与对黑暗的研究会以何种方式联结起来。但早在 20 世纪 30 年代,宗先生就已经彻底转向了唯美主义。中国式的生命哲学总是高超的⋯⋯

三

宗先生晚年一直住在北大朗润园,那里有湖光山色,景致清丽。不过,宗先生的居室在楼房底层,光线不足,室内十分暗淡,书房常让我想到卡夫卡在致女友的信中曾赞美过的那间地下室。不同之处在于,宗先生的书房四周,挂着或摆着各种艺术品,使这间昏暗的小屋显出某种神秘的调子。我常思忖:这是否恰是唯美与黑暗的关系的象征呢?

宗先生觉得,通过诗或艺术,微渺的心与茫茫的广大人类之间才"打通了一条地下的深沉的神秘的暗道"。这是中国式的人格美,宗先生没有充分注意到,一千九百多年前的那位拿撒勒人,曾用生命和血启示过另一种微渺的心与茫茫人类的沟通方式。

宗老对中国式的人格精神美的确倾注了巨大的热情。读宗先生论晋人的美和论中国音乐思想的论文,曾使我激动不已。有一次,我专门问宗先生,他何以在那时写论晋人的美。

宗先生毫不迟疑地回答我:

魏晋以前,大多是实用艺术,明清以后,八股束缚,真正的艺术时代是魏晋、唐宋,但魏晋成就最高。这是自由的时代,它改变了儒家的传统。后来儒家不把魏晋人看作正统,我要为他们翻翻案。

"那么，这是否表明你对正统儒家人格论有看法？"我想抓住问题不放。

宗先生没有直接回答我，却说：

> 孔子思想既高超又实际，既讲主义又讲实践。老庄离世脱
> 世，孔子却入世，但又不俗，而是高超。颜回神秘、境界高，
> 子贡很现实、实际，这两个是孔子最得意的学生。

儒家强调"真"和"诚"，但现实和实际却并非那么"真""诚"。
入世不俗要做到不"伪"不"欺"，并非易事。按照艺术化的人生观，
如果不把现实的黑暗艺术化，就得超凡脱俗，在这种情形下，黑暗
依然原封未动。

宗白华先生真诚。我被哲学系分派去做他的研究生，他从不给
我定条条框框，只在散步中交谈，不讲"指导思想"要正确一类的
话。学术自由是"五四"时代的北大传统，宗先生身为北大教授，
在那间阳光不足的小屋里，仍坚持着这一传统，这与他的人格相一
致。当我为自己的学位论文能否通过而担忧时，他的话并不使我感
到吃惊。当时，他以少有的口吻这样说：

> 放开胆子写，不要怕。现在被视为谬误，以后人们会认出
> 它是真理。

这位超脱者的形象并非真的超脱。

四

宗先生的藏书十分丰富，而且外文书远远多于中文书。每次我去宗先生那里聊天，总禁不住要在书架前随便翻翻。对学术书籍，宗先生极为珍爱。当年日本鬼子侵占南京，他的住宅被日本人侵占，连地板都被撬开，藏书流失惨重。这件事宗先生对我念叨过不止七八次。

宗先生主要研究中国艺术里的精神和境界，但宗先生却对我说，中国的书籍他看得不多，只是闲时翻翻，大量读的是外文书。

"五四"以来，相当明显的学术倾向是，以西方文化的方法、范畴乃至评价尺规来研究和阐发中国的文化。当今，这种趋势有增无减。这是否意味着汉语文化新的发展呢？如果汉语文化自己的方法、范畴乃至评价尺规是自足的，是否有必要借助西洋文化？如果汉语文化形态在上述诸方面不自足，借助于西洋文化是否真能发展汉语文化？

宗先生的书架上陈放着海德格尔的著作《存在与时间》以及狄尔泰的著作，版本均为 20 世纪二三十年代。这使我颇感吃惊。就我国 20 世纪上半叶的整个学术情形而言，对西方文化的方法、范畴的借用，一般来讲，还比较粗浅，欧洲大陆的学术新进展虽有引介，但深入细致的了解不多，比如，极端重要的宗教哲学就还没有触及过。时代的动荡和社会的变革无疑是重要的外部原因，以致学术研究的纯粹性和学统一再被中断……

图 4　宗白华在寓中，墙上是徐悲鸿所绘《笛卡儿像》。邹士方摄于 1986 年 4 月

　　宗先生告诉我，20 世纪 40 年代以来，他在南京中央大学曾讲过一点海德格尔。这件事令我很感兴趣。在宗先生看来，海德格尔与中国人的思想很近，重视实践人生，重视生活体验，强调哲学家要有生活体验。这很合中国人的口味。但海德格尔的思想很玄，他自己都不能把自己的意思表达清楚。

　　这一看法我不能全部同意。并非重视实践人生的哲学在旨归和根基方面都是同趣的，其中隐含着的差异恰恰极为重要。海德格尔的操心和对不可言说者的言说，表明了另一种情怀。

但我完全赞同宗先生的另一看法：汉语学界对西洋的了解还很不透彻，一切评判都应暂时搁起来。只不过，恐怕还得考虑的是，为什么了解不透。

宗先生对海德格尔确有厚爱。在"文革"后期那些苦寂的日子里，宗先生还翻译了关于海德格尔的一些资料，可见他对人生哲学总不能忘情。

五

宗先生的学术探究指向，留欧前后有重大改变。留欧前，宗先生主要关心欧洲的哲学和科学，以图为解决人生问题找到根据。留欧回来后，宗先生更多关注中国的艺术精神。看得出来，宗先生最终把人生观确立在中国的审美主义上。

许多留欧学者回国后都沉浸到中国古代文化中去了。人们很容易得出一个结论：漫游过西洋文化之林的学者们终于感到中国文化精神略高一筹。进一步的推论是，最终还是要回到儒道释家里去。

当俄罗斯人倡言文化的世界主义时，他们获得的是民族文化的高度发展；反之是否亦然？

这里不只涉及对西洋文化的了解是否透彻，更涉及重审意义根据的问题。

雅斯贝尔斯关于文化轴心时代的说法，人们已耳熟能详。但西方是否仅有一个文化的轴心时代？齐美尔就说过，近代人已不能理解也不再拥护古希腊－古希伯来时代的精神。资本主义精神的发展无疑借助于另一种不同于古希腊 – 古希伯来时代的文化轴心。文艺复兴以后到 19 世纪，西方的理性主义和理想主义要实际得多；而 19世纪末至今，反形而上学和反理性、反理想主义明显又形成一个轴心时代。汉语文化形态的一维性轴心时代精神，虽然延续了两千多年，但在 20 世纪初已被现代性文化中断。

这就产生了一个问题：西方文化中的希腊形而上学、基督教、近代理性 – 理想主义（启蒙思想）以及现代的反形而上学、反理性 –理想主义（现代主义）几乎同时涌入华土，无所适从的汉语学界究竟接纳谁？

"五四"一代学者明显亲近近代理性主义和启蒙精神，而"四五"一代学者却不能不在现代与后现代之间徘徊，犹豫与抉择，要指望八九十年代的新一代相信和拥护现代精神，恐怕要落空。

中国学术所遭遇的事无法忘却，选择过于匆忙毕竟不是好事。也许得等待，当然是在思索中等待。哪家可居，今天想，明天说——只是，等待并非非要散步。

海德格尔有一点错不到哪里去：多思、少说，保护语言。宗白华先生与此不谋而合。他的文字虽少、做事不多，留下的身影却是庞大的，至少对我来说如此。

1988 年 1 月

深圳

作者 1982 年至 1985 年在北京大学哲学系学习，现为四川大学古典学系主任

三松堂寄思

王中江

　　我在北大做研究生的时间不算短，特别是我曾经住过的 29 号宿舍楼，与燕南园冯友兰先生的住所只有一条马路之隔，站在窗户前，一眼就望见了"三松堂"，并浮现出冯先生默默哲思的形象，真可谓是"近水楼台"。按说，我应与冯先生有不少的接触，多受其教，但遗憾的是，前后只访问过冯先生五六次。之所以这样，是因为冯先生当时年事已高，还要完成巨著七卷本的《中国哲学史新编》，对他来说，没有比时间更宝贵的东西了，我不便多打搅。

　　我对冯先生的几次访问，主要是有关金岳霖的问题。因为冯先生与金先生既是同事，在哲学思想上又相互影响过。所以，我想请冯先生给我以指导。在一次访问中我告诉冯先生，我要研究金岳霖的哲学，有人说很难，不知从何下手才好。冯先生回答的话不多，但很紧要。他说：你要研究金先生的哲学，先不要管其他的人怎么

图1 爽朗大笑的冯友兰。邹士方摄于 1980 年 5 月

说，首先要认真读金先生的著作。从冯先生的这句话中，我受到的启发是，研究问题首先要占有第一手文献。如果一开始就读第二手文献，总会觉得隔着一层，难免有雾里观花之感。

对于冯先生的总体印象，我曾经在《极高明而道中庸——冯友兰哲学的终极关怀》一文的附志中提出了几点。在此，我想作点补充。我曾经这样想，冯先生的大脑真是不可思议，晚年他的耳目逐渐丧其聪明，但其思维仍惊人地清楚，说出来的话仍是逻辑性强，井然有序。在跟人谈到这一点时，我说，冯先生已九十岁出头了，可是，他的大脑却比我们年轻人还清楚。这恐怕主要是他善于用脑、善于思、善于分析之故吧！羊涤生老师曾告诉我说，金岳霖先生比较 20 世纪 50 年代前北大和清华的学风，说北大是学而不思，清华是思而不学。这句话，可能有其道理，但引之于冯先生并不合适。

图2 20世纪50年代，哲学系西方哲学史教研室开会。右一为冯友兰，右二为汤用彤，右四为黄子通。北京大学档案馆供图

冯先生可谓是学思结合。一方面，他学于北大，可以说承继了北大重史、重学的传统；另一方面，他执教于清华，又受到清华主论、主思的影响。冯先生肯定中国哲学中"负的方法"之长处，但他所运用的方法，仍主要是"正的方法"，具体地说，就是分析的方法。虽然，冯先生在《三松堂自序》中说过，他的长处是能把复杂的事情说得很简单，金先生的长处则是能把简单的事情说得很复杂。但是，我觉得冯先生也是很能分析的。在一次访问中，我向冯先生请教他所说的"金岳霖知识论技术化很强"这一问题，他说："美国人有这个说法，这个说法就是技术性大，或者可以说专门性大。"接着，我又问他所说的他和金的各自长处，他说："这与刚才讲的专门

图3 冯友兰先生在看书。北京大学档案馆供图

性、技术性有关系。平常一句话，分析下去，就可以讲一大片。金先生分析能力很强，所以他能把简单的事情分析得很复杂。比如，知识与认识，在一般人看起来觉得没分别，不能讲一大片，这都是把简单的事情说得很复杂。我是喜欢把一大片文章用一句扼要的话把它综合起来，所谓能把复杂的事情说得很简单。"此时，我插话说："实际上，冯先生的新理学分析性也是很强的。"冯先生说："对。我跟金先生相同的地方就是能进行分析，属于分析派。"1986年夏，我的硕士毕业论文在六院举行答辩会，周礼全先生作为答辩会主席出席了答辩。之后，周先生要去燕南园看望冯先生，我陪他去。冯先生听说我的论文通过了答辩，给我以鼓励。当谈到"新编"的进展情况时，周先生可能担心冯先生晚年完成不了这部鸿篇巨制，就向冯先生建议，是否可以写得简略些，把主要观点讲出来即可，不

图4　冯友兰教授与留学生交谈。北京大学校史馆供图

必引用很多材料或展开讨论。记得冯先生说："我的习惯是，要说就得展开，不展开，就说不清。"我体会，冯先生的意思仍是想通过分析，把问题一层一层展开。就像剥葱一样，不剥出里面的，就不甘心或不满足。

对于冯先生，我还想强调的是他尽了"立言"的心。在职业分途精细化和价值多元化的现代社会，知识分子的根本职责就是"立言"，不管是哪方面的"言"。由此来说，冯先生是尽了他的职责的，而且树立起了一种"知识范式"。但"立言"实在不易，除了认知本身这——般的困难外，中国现代知识分子"立言"，还遇到一个特殊的困难，即必须处理好政治与"立言"的关系。而这一方面，知识

图5 大笔纵横冯友兰。邹士方摄于 1986 年 1 月 20 日

分子几乎没有一个能处理好的，因为在现代中国，这个关系实在太难处理了。冯先生不是神，他有时处理不好，也是自然的。这也就会影响到他"立言"的客观性，即在"知"与"说"之间有时会有一条鸿沟，不能完全统一起来，说一些非本己的话语（就是在日常生活中，"知"与"说"也常常使人为难）。但在这一点上，我不想为冯先生提供辩护，看来冯先生自己也不需要辩护，虽然可辩可护。因为冯先生在《三松堂自序》中毫不掩饰地"以今日之我非了昨日

图 6 逝世前一年的冯友兰。邹士方摄于 1989 年冬

之我"，要求重新恢复"修辞立其诚"的"立言"准则。但我想揭示的是，现代看来是清楚可知的事，在过去并非都清楚可知。在过去不清不知的时候，我们只能说当时自以为清楚可知的话，这是认识本身的事。巴金先生要求自己讲真话，其中一个"真话"，就是不能否认我们当时讲的话有些是我们相信为真的话。冯先生当时讲的话，有的就是他当时相信这些话是真的。在这一点上，后人对前人尤其需要宽容，否则历史账永远也算不完。就说批孔吧，孔子确有可批之处，至于哪些可批，哪些不可批，则有认识问题。这一点，什么时候都一样。而"文革"时的批孔，是政治上要求的，超出了学术思想的范围，这就不光是认识问题了，所以增加了知与说不能统一

142

的一种特殊困境。

　　研究冯先生，读冯先生的书，在学术和思想之外，我对冯先生有一种特别的感情，就是我喜爱他的"文章"。冯先生在谈到严复所译书风行全国的原因时，讲了三条，其中一条是说严复文章本身的价值："在严复的译文中，斯宾塞、穆勒等人的现代英文却变成了最古雅的古文，读起来就像读《墨子》《荀子》一样。中国人有个传统是敬重好文章，严复那时候的人更有这样的迷信，就是任何思想，只要能用古文表达出来，这个事实本身就像中国经典的本身一样有价值。"我觉得，冯先生的文章，与严复的文章一样，有文学上的价值。在中国哲学领域，能达到这一点，格外难得。中国文体从文言走向白话，是一个进化。但也有退化，即没有很好地承继古文言简和高雅的优点。所以中国现代的文章，有的不是太白了（俗），就是太繁了（长句子）。但冯先生的文章却没有这样的缺点。他体现了白话的进步，而又兼有文言的简洁和古雅。所以，读起冯先生的文章，既轻松，又美妙。因此，笔者虽不才，但对冯先生的文章则一直是"心向往之"。

作者为北京大学哲学系教授

忆洪谦先生的教诲

赵敦华

　　光阴荏苒，生死浮休，二十七年前（本文作于 2019 年——编者注）在友谊医院病房与洪先生诀别的场景历历在目，转眼间我也年至七旬了。与洪先生相识只有短短三年，交谈只有十来次，但他对我的学术生涯影响很大。我在国内的导师是陈修斋先生，在国外是 Herman De Dijin 教授，我是他俩的入门弟子，想不到到北大不久就多次聆听洪谦先生教诲，可算作他的一个私淑弟子吧！能够获得这个幸运，应感激楼宇烈先生。

　　1988 年 8 月底，我来北大报到，正赶上中华全国外国哲学史学会年会在武汉大学举行，匆匆赶去向陈修斋先生汇报学业，陈先生为我到北大工作感到欣慰，他对我说："想不到你的博士论文做了分析哲学的题目，北大洪谦先生是中国分析哲学的创始人和领袖，你可以多向他请教。"我曾经读过洪先生写维也纳学派的书和文章，这次从陈先生那里了解到，洪先生长期担任北大哲学系外国哲学史教研室主任，我熟读的《西方古典哲学原著选辑》四本书是由他主持编译的。如此说来，我与洪先生"神交"已久，更加景仰，只是不敢冒昧拜访。上班不久，哲学系为我申请国家教委优秀青年教师基金项目，需要两位专家推荐。当时负责科研和研究生工作的副主任是楼宇烈先生，他对我说，他已

经向两位先生介绍了情况，你直接去他们家中拜访吧。与洪先生相识可谓一见如故。当我拿出出版不久的《维特根斯坦》一书请洪先生指教时，先生摆摆手说："不必了，书我已经看过了。"这本书被列入高宣扬先生在香港三联书店主编的"西方文化丛书"并出版，原来高先生是洪先生的学生，洪先生是这套丛书的编辑顾问，丛书中的书由出版社寄给他。看来，洪先生对我的书看得很仔细。书中的一些不起眼的问题都提出与我讨论，初次见面谈得十分融洽。

从那天起到1992年初洪先生逝世这段时间，我时常到洪先生家拜访，与洪先生见面谈话是我人生最美好的回忆之一。洪先生和我谈得最多的是哲学家的往事和思想，那些是我在书上读不到的，与洪先生交谈之后再读他的书，既有耳目一新之感，又获更上一层楼之益。洪先生偶尔也漫谈人生感悟。比如，1990年陈修斋先生获得一个机会来北京开会，专门抽出时间来北大访问老同事，要我陪同。他第一个访问洪先生，两位先生有一段时间没见面了，见面了话不

多，相互问候之后，谈起一些事唏嘘不已。这是他们最后一次见面，现在回想起来我心戚戚。先生在学业上的教诲针对性强，当时即可领会，涉及时事政治方面的话，言简意赅，语重心长，随着阅历增加有了更多更深的理解。洪先生的教诲，有些在过去写的回忆文章中已经提及，现在尽量追忆交谈的细节，有几点特别值得记载。

一、维特根斯坦与维也纳学派

洪先生谈到我写的《维特根斯坦》时说，书里讲命题真值函数时提到逻辑分析方法，可惜太简略了些。我说，国外介绍《逻辑哲学论》通常在讲完 1.1 到 3.1 的事实和语言的逻辑结构和图式论之后，直接跳到第五、六单元中的唯我论和神秘主义，我在博士论文里写了命题函数一般形式等逻辑分析的细节，考虑到读者不容易理解，就没有写进书里。洪先生说，《逻辑哲学论》是一个体系，不讲全书是讲不清它的部分的，把神秘主义当作全书归宿不能令人信服，维特根斯坦自己也放弃了这个想法。我有一次问洪先生，维也纳学派为什么推崇《逻辑哲学论》，把它视为自己学说的《圣经》。洪先生说那只是个传说而已，石里克同意维特根斯坦用逻辑分析消除形而上学的想法，但不会接受唯我论和神秘主义，因为那只是形而上学的变种。关于维也纳学派与维特根斯坦的分歧，洪先生建议我仔细阅读魏斯曼关于他们之间对话的记录。卡尔纳普和纽拉特都不同意维特根斯坦的观点，但卡尔纳普借用维特根斯坦心理和语言对应的观念，从简单要素开始建构世界的逻辑结构，他把自己的思想称为"方法论的唯我论"。洪先生认为，卡尔纳普的这个说法有缺陷，没

图2 洪谦（中）与石里克（左）、奈德（右）在奥地利。
洪谦家属供图

有考虑到物理空间和心理空间的不同，但要比维特根斯坦把两者归结为逻辑空间的做法更为复杂，技术上的难度也更大。

二、证实与证伪

我对卡尔·波普的批判理性主义颇为欣赏，高宣扬先生约我再写一本关于卡尔·波普的书。当我说出自己的评价时，洪先生不以为然，他告诉我一些波普不容别人批判的事。比如，为庆祝波普八十寿辰，要开学术研讨会，波普亲自审核邀请代表的名单，把不同意他观点的人剔除。

洪先生还告诉我，波普没有参加过维也纳学派的正式活动，参加的是学派外围团体举办的讨论会，结识了学派的一些成员，波普曾与菲格通宵达旦地交谈。菲格赏识波普的新思想，鼓励他著书立说。波普按照这一建议，于1932年写成《科学研究的逻辑》，在石里克和弗兰克主编的丛书"科学世界观论文集"中发表。这本书后来成为波普的成名作，他在思想自传中自诩说，他在这本书中提出的证伪方法放弃了以归纳法为基础的证实原则，导致了逻辑实证主义的最后瓦解。波普不无得意地夸耀说，是他扼杀了逻辑实证主义。洪先生说，波普的这个说法，无论从历史事实上，还是从理论上看，都是不正确的。

洪先生拿出1987年发表的一篇文章让我看。在这篇文章中，洪先生说："一位像世界驰名的哲学家波普把'对逻辑实证主义的谋杀'引为自豪，这在哲学史上确是罕见的。但是我相信，波普的谋杀实际上并没有得逞，因为他为此所使用的武器并不那么锐利，不足以置逻辑实证主义于死地。"波普反对归纳法的一个重要理由是：单个的经验事实，无论重复多少次，也不能证明全称命题的必然性；然而，一个经验事实却足以证伪一个全称命题，因此，只有证伪方法才是科学理论的逻辑方法。"但是，"洪先生反驳说，"任何一位科学理论家都必须承认，作为经验有效的命题自然规律具有无限多的全称命题的形式，而这种自然规律的普遍命题并不和作为有很多的具体命题相对应。也就是说，它既不能通过某个或某些基本命题得到证实，也不能被它们所证伪。对此，卡尔纳普发表了一个极有见地的看法：在科学命题的可确定性中，可证实性和可证伪性只能作为特例来看待。"当然，学术上的争论不影响双方相互尊重，1980年洪先生访欧，专门到波普的乡村家里看望，深入交谈三个多小时才依依不舍告别，汽车开远了，波普还在家门口挥手。

洪先生的教诲使我萌发了"用理性批判的态度对待批判理性主义"的想法，我写《卡尔·波普》就是让波普也接受批评与反批评，在忠实还原波普哲学之后，专写一章，从科学哲学和政治哲学两方面批判波普哲学。科学哲学部分地批判、讨论了"证伪原则与证实原则根本对立吗""波普的'确认'概念和卡尔纳普的'确证'概念根本不同吗""试错法在逻辑上优于归纳法吗"和"只有证伪才能推动科学的进步吗"等问题。我发现波普以后的科学哲学理论对波普一味强调证伪和试错的批评，完全符合洪先生所持的"可证实性和可证伪性都只是自然科学普遍命题特例"的"极有见地的看法"。

三、伦理学的性质

有一次，洪先生问我有没有艾耶尔《语言、真理和逻辑》这本书，他说以前读过，现在找不到这本书了。我手头恰好有一本，就给了洪先生。洪先生看得很快，一星期后再次见面就还给我了。他评论说，一般认为维也纳学派认为伦理学和形而上学命题一样是没有意义的，实际上那是卡尔纳普和艾耶尔的一家之言，石里克不同意这个说法。石里克认为伦理学也是知识，不能把规范命题和事实命题截然分开，伦理学应该属于实际科学，解释道德行为的因果关系，也要追求真理。

我在卢汶的课堂上听老师讲，石里克被谋杀是因为一个学生听

图3 1984年，洪谦教授（左）与牛津大学教授
Brian. McGuinness 在北京大学西门。洪谦家属供图

不懂他的讲课内容，又有精神病，一怒之下开了枪。我问洪先生是
不是这回事。洪先生回答，那个学生可能有精神病，但开枪谋杀的
动机不完全是听不懂课：不少教授讲课都不好懂，为什么偏偏要向
石里克开枪？洪先生的看法是，当时奥地利法西斯主义猖獗，而维
也纳学派在政治上、心理上都是抵制法西斯主义的，他们被狂热的
民众看成是不受欢迎的人。在这种大环境里，很难区分精神病和政
治狂热举动，不能说谋杀石里克没有政治动机。我从洪先生的言谈

表情感觉到，他对石里克非常热爱，把他的老师当作在哲学、科学和道德上的典范。

四、学问与胆识

洪先生很少和我谈政治，只有一次不经意地说，有个民主党派主席要提名他当全国政协委员，被他婉拒了。后来我才知道，洪先生其实不是不关心政治的人，他做过不少帮助民主事业进步的事，只是1950年后政治运动频繁，洪先生一律采取置身事外、不谈政治的态度。当时著名教授都要做检查，纷纷和过去的思想和导师划清界限，洪先生坚决不说违心的话。朱德生老师说过，有一次开会把洪先生逼急了，他离家出走，大家急忙寻人，几天后他安然露面，说是在西山僻静处住了几天，以后没人敢逼他做检查。

陈修斋先生十分钦佩洪先生的学识和人品。他俩1990年见面时，对当时要批判刚兴起的西方哲学研究的声音感到不安，再三说不能重复过去的错误了。后来看到他们在逆境中写的文章，深感他们追求真理的胆识和骨气，值得我们学生辈坚守和发扬。1957年初，在中国哲学史方法论讨论会上，陈先生和老先生们一起抵制日丹诺夫的哲学史定义，洪先生还在《人民日报》上发表了《不要害怕唯心主义》的文章。在批评者中，陈先生比较年轻，事后以支援武汉大学成立哲学系为由被调离北大。陈先生在武大，以实事求是的严谨态度，坚守西方哲学史研究和教学，和杨祖陶先生一起，把武大哲学系建成西方哲学在中国的重镇。1990年，陈先生被无端停招博士生，来北京与洪先生见面不久，我看到陈先生发表的一篇文章，开头就说："既然今天仍旧甚至更需要引进西方哲学，那么对于以往三百年或者至少一个半世纪以来引进西方哲学的历程进行一番回顾，总结其经验教训，探索其规律，以作当前和今后引进工作的借鉴就是很有必要，也是很有意义的事。"文章立论的前提"今天仍旧甚至更需要引进西方哲学"所针对的是，当时来势汹汹地把西方哲学当作"和平演变""全盘西化"的工具的大批判声音。陈先生总结的经验教训包括日丹诺夫哲学史和历次政治运动的危害。

洪先生很少公开谈政治问题，但为了推进西方哲学在中国发展的事业，从来不惮建言谋略。1957 年 6 月 7 日《人民日报》刊登了洪先生的文章《应该重视西方哲学史的研究》。他尖锐地指出："过去或现在有些讲授辩证唯物主义的教师只能干巴巴地对于辩证唯物论的几条原理作教条式的解释，而同学们也只能逐字逐句地对于这几条原理无精打采地接受。"洪先生文章巧妙地用"党和政府号召我们于十二年内努力赶上国际的学术水平"的目标来对照国内西方哲学落后状况。首先，"我们的哲学水平与国际上的距离还很遥远；我们的哲学水平到现在还没有完全脱离物质第一性或者精神第一性的教条式的解释，还周旋于老子是唯物论者还是唯心论者的思辨游戏中间"。其次，"虽然我们经常谈到哲学方面的国际水平，但是我们对于当前国际的哲学界实际情况了解实在不多"，不但要研究马克思主义哲学形成以前的西欧古典哲学，而且对现代的"逻辑实证论、现象学派、存在主义或新托马斯主义"的了解不多，反而将它们"简单地作为'一种帝国主义时代腐败、反动透顶的东西'排斥于研究领域之外"。另外，西方哲学"这门科学当前的研究条件，极其恶劣"，研究基础差，研究人员流失，资料严重匮乏，"我们几乎有七

图4 20世纪80年代，洪谦先生在燕东园。洪谦家属供图

年之久没有见到资本主义国家新近出版的图书和刊物"，"仅能依靠三十年以前的旧版本，有时连这些旧版本的书还不易到手。现在关于研究西方哲学问题的一般情况，就是阅读无书，参考无书，老师们是如此，同学们也是如此"。洪先生积极地提出改进落后状况的四条具体建议：第一，领导同志重视西方哲学，"必须将这门科学在中国今后的发展前途作全面的考虑"；第二，"同意汤用彤先生在科学院的发言，将哲学史的研究据点放在北京大学哲学系"；第三，"应努力设法解决购买图书和期刊的问题"；第四，"必须网罗全国从事西方哲学研究的同志们，在此之外，较多地从研究生或助教中培养这方面的新生力量"。

这篇文章发表的第二天，1957年6月8日，同一张报纸上发表了《人民日报》评论员文章《这是为什么？》吹响了"反右"运动的号角，人们不禁为洪先生对中国哲学界指导方针和做法的大胆批评捏一把汗，实际上，他不是没有被打成"右派"的危险。据说，当时要把洪先生划为"右派"的报告已经递送到北大党委，幸好党委书记江隆基是 30 年代留德学生，熟悉洪先生，当面撕了报告。江隆基后来因"右倾"而被调离北大，但洪先生并未受牵连。相反，他的四条具体建议基本被落实。北大哲学系外国哲学史教研室成为研究西方哲学的据点，集中研究翻译人才，培养青年人才，图书馆资料室购进一批西方国家的图书期刊，在洪先生主持下编译了《西方古典哲学原著选辑》四本，滋养了整整一代哲学工作者。1964 年由洪先生牵头筹备外国哲学研究所，主编《西方现代资产阶级哲学论著选辑》，网罗全国人才从事研究翻译工作，为中国现代西方哲学的研究奠定了资料和人才的基础。

值得一提的是，"文革"后，外国哲学研究所正式成立，洪谦先生即到熊伟先生家登门拜访，诚邀熊先生任外哲所副所长。熊先生后来对弟子陈小文说，我与洪先生素不来往，他的来访有些突兀。我现在体会到，洪先生的"突兀"出自长期考虑，早在 1957 年他就把现象学、存在主义和分析哲学当作现代西方哲学主流。洪先生知道海德格尔对现象学和存在主义的重要性，也知道维也纳学派与海德格尔在政治上、思想上的分歧，洪先生毫无门户之见，诚挚请熊先生撑起现代西方哲学的半壁江山。如洪先生所愿，中国的分析哲学和现象学从北大外哲所发端，在全国开花结果。洪先生的历史功绩，为后辈树立了有骨气、有胆识、有学问的哲人榜样。

作者为北京大学哲学系教授

怀念张岱年先生

任继愈

　　回想与张岱年先生初识，是在1935年中国哲学会第四届年会上。当时他在清华大学任助教，我是北大哲学系的学生。旧中国的"中国哲学会"是一个民间组织的学术团体。凡属大学开设的学科，中外哲学史、学派、美学、伦理学、逻辑学诸学科的专业者，都可以加入学会成为会员。记得当时北大参加的教师有汤用彤、贺麟、郑昕、胡适、林志钧等几位先生，清华大学参加年会的教授有金岳霖、冯友兰、邓以蛰，还有两位青年教师，一位是研究美学的李濂，另一位是张岱年。北大的同学对本校的教授们见惯了，不大注意他们会上的发言，对清华的教授们提的问题倒是很感兴趣。金岳霖先生讲"道、式、能"，这是他后来《道论》和《知识论》两部专著的雏形。冯友兰讲"朱子的理与气"，开头讲，朱子的气不同于流动的气体，它指的是天地构成的原始材料，英文叫作 stuff，可以译为"土

图1　张岱年教授与留学生在一起。北京大学校史馆供图

大夫"，可见"士大夫"还够个料，不是废物。

　　我特别感兴趣的是两位青年教师。李濂讲中国古代绘画的重要范畴，"气韵生动"。李濂操河南方言，他的老师邓以蛰怕听众听不懂，把主要名词帮他在黑板写出来。他们师生间的融洽，老师对学生的关怀，让我们这些学生感到新鲜、敬佩。张岱年当时风华正茂，头发自然弯曲呈波浪状，最初疑心他烫发，后来知道他是天生的卷发，口才不流利，却清晰、扼要，没有费辞。他讲的题目我大致记得是"现在中国所需要的哲学"。短短几十分钟，难以阐发得详尽，大意是说中国需要在传统哲学的基础上，吸收西方近代的新哲学思想。他的论文已经孕育着他晚年的"综合创新论"的构架。这次哲学会上，北大、清华以外的教授们有中国大学傅铜的"快乐主义新诠"，彭基相的"孔德哲学述评"，傅的论文欠深入，失之浅；彭的论文无新意，失之平。

两年以后，七七事变，北平沦陷，我在西南联合大学，张先生身陷敌占区，音讯隔绝近十年。

日寇战败投降后，西南联大解散，各自回到旧址。北大与清华又分在城内城外两地，接触多的时期还得算新中国成立以后的两三年以及院系调整后，我们在同一个教研室工作许多年。

听金岳霖先生说，张先生平时不苟言笑，安步徐行。有一次哲学系教师散了会，回家的路上大家边走边说。张先生忽然脱离了大伙，一个人蹑手蹑脚快步向一棵大树下走去。原来他发现了一只刚脱壳的蝉，正向高处爬，张先生手到擒来，带回去给他五岁的儿子玩。张先生在讲学研究心性之学外，还有富于人情味的家庭生活。

图2　1980年，张岱年教授与哲学家贺麟（中）、胡曲园（右）在一起。北京大学图书馆供图

蹑手蹑脚给小儿子捉蝉的张岱年和阐明天理人欲之辩的张岱年结合起来认识，才是一个活生生的张岱年先生。

出于众所周知的原因，张岱年先生受到不公正的对待，在学术界沉寂了二十年。他身处逆境，仍然从许多方面实现他早年关心的三个方面：一是哲学理论问题的探索；二是中国哲学史研究；三是文化问题的研究。

新中国成立后，中国学术界在文学、史学、考古、艺术诸多方面成绩显著，唯有哲学理论界，成绩平平，可以载入史乘的不多。马克思主义本来不是纯学术，它与当时现实政治、阶级关系密切，与国内国际的政治形势密不可分。张岱年先生在 20 世纪 20 年代，就已接触学术思想的马克思主义，并参与当时的社会史论战。当年列宁在世时，曾称赞普列汉诺夫是优秀的马克思主义理论家，曾造就了一代马克思主义者。斯大林当政后，普列汉诺夫、布哈林都不算马克思主义者，够哲学家资格的，列宁以外只有斯大林。20 世纪 20 年代的马克思主义讲述方式与 50 年代后期的马克思主义很不相同。新中国成立后和大家一同学习马克思主义，显然受苏联哲学教科书的影响……

全国大学院系调整后，各大学的哲学教师集中到北大哲学系，当时，教授副教授共有二十八人之多。主要是学习、改造思想，只开了两门课，一门是"中国近代思想史"，由三位教师集中备课，由一个人出面讲授。一门是"中国哲学史"，是哲学系的重点必修课，两年讲完；课程由四位教师分担，粥少僧多，张岱年先生只担任了宋元明清这一段，占"中国哲学史"这门课程的四分之一，没有能够充分发挥其所长。文化问题的研究，由于政治条件不具备，也难有充分发挥的机会。

图3 1999年，张岱年教授接受美国作家舒衡哲采访。北京大学图书馆供图

　　一个人的成功，既要主观努力，也要有适当发展的客观环境。有时环境起着决定性的作用。张岱年先生在哲学史教学方面，未能尽其所长，但他培养研究生、教育青年学者成绩卓越，比如他带出来的博士陈来就是其中的佼佼者。张岱年培养了许多研究生，在学术界有很好的声誉，北大新一代青年学者今天都成为学术界骨干，有的成为学科带头人。张岱年先生开的中国哲学史课虽然未能从头到尾讲到底，但他为研究生讲的"中国哲学史史料学"，充实而精湛，来听讲的除北大研究生外，社科院、北师大的学生也慕名而来，虚而往，实而归。哲学史史料本来属于张岱年当年自己治学的准备工作，哲学史史料学不是罗列书目，而是结合自己治学的过程，带着青年同学到后台参观，指点某处台词配合的某些道具的用处，使听

图4 2001 年，张岱年教授与夫人冯让兰合影。北京大学图书馆供图

讲的学生得益匪浅。人们只看到张岱年理论空灵高明，往往忘了张岱年用过扎实的功夫，为理论的空灵高明打下了丰实基础。

新时代有新时代的哲学体系。记得抗战时期，我国有好几位哲学家构建了他们的哲学体系。金岳霖的《道论》《知识论》，冯友兰的《新理学》，熊十力的语体文本《新唯识论》，都是抗日战争时期的精神产品。浙江杭州马一浮讲他的《六艺论》，以《六艺》为框架，发挥他的中国传统文化哲学，他在四川乐山复性书院的一系列的演讲录，是《六艺论》的一部分，由于条件不具备，未能完成。

张岱年的《综合创新论》既包括了他的哲学观又包括他的历史文化观，是他构建的新时代哲学体系，由于条件不具备，未能亲手完成。以他高明的才智、学殖的丰赡应该不成问题，可惜条件不具备，这一宏伟设计，未能实现！

一个比较完整的哲学体系，从酝酿到成型，总要经历长期反复思考的过程，如果经过不同学派的攻击辩论，其系统会更臻完善，立于不败之地。抗战期间，张岱年先生"抱刘越石之孤忠"，坚贞自守，与广大哲学界同仁长期隔绝。新中国成立后二十年，他旺盛的精力、活跃的思想遭到禁锢，他个人受的损失无法弥补，使人深感沉痛；他的精神产品没有来得及奉献给学术界，更是无法弥补的损失。

　　所幸张岱年先生《全集》留下来，给后人以借鉴、启发的依据，这是无可奈何之中的慰藉。

　　与张岱年先生先后相过从近七十年，临文时，心情无比的沉重。汉代王充曾在《论衡·命义篇》说，"闻历阴之都一宿沉而为湖"，"数

图5　2002年9月，在纪念冯定教授100周年诞辰学术研讨会上，张岱年教授（右）、国家图书馆馆长任继愈先生（左）亲切交谈。北京大学档案馆供图

万之中必当有长命未当死之人"，在"极左"思潮的趋势下，知识分子难以掌握自己的命运，"国命胜人命"，王充当年深为感叹，我们不赞同王充的命定论，相信王夫之的"唯君子可以造命"，我们有创造历史主宰命运的使命。看到张岱年先生的一生，使人感到人类创造历史的道路还很长，很长。愿与大家共勉。

作者1942年至1964年在北京大学哲学系任教，生前为国家图书馆馆长

文章有删减

感恩与缅怀汤一介先生

胡　军

　　我是 1982 年开始走上哲学研究之路的，回眸这一路的足印，最让我感激的就是恩师汤一介先生给予我学术研究之路的引领。

　　1982 年 2 月，我被派送到北京大学哲学系进修中国哲学史课程。进修期限是一年半，导师是楼宇烈先生。这期间，我就对汤一介先生有所了解，知道他是北大哲学系的一位德高望重的教授，却从未有机会见面。我第一次见到汤先生是在楼宇烈先生的课堂上，应该是汤先生前来做教学检查吧！当时，汤先生的儒雅与温和就给我留下了很深刻的印象。可能是出于对先生的仰慕吧，正是这一次的不期而遇，为我以后的人生埋下了精彩的伏笔。

　　回到哈尔滨师范大学以后，那时教育部关于高校副教授、教授的职称评审办法有了新的规定，即申报此类职称者必须有相关的学位。学校师资科科长认为我的英语很好，就劝我去考硕士、博士，

图1 汤一介先生在家中。刘美珍、江力供图

但是校方又怕我们借考研究生的途径走人，所以我们又都必须通过委托培养的途径考研究生，因此，我也就大着胆子，报考了北京大学哲学系的硕士研究生。这在此前是不敢想象的。

当时报考的方法似乎与现在有所不同，即报考时必须填写导师的姓名。可能对委托培养生要求不是很严，报名时我没有填写导师姓名。考试的时候，试卷上有两类题，一类是共同的考题，即不管你考哪位导师都必须答的题；另一类试题则与此不同，即你报考了哪位导师就必须答哪位导师出的题。答完第一类题目后，我突然发现第二类题目中汤一介先生出的题目很是适合我，因此也就选答了汤先生出的题。考分出来后，我的英语是九十多分，中国哲学史也是九十多分。这可能就是我与汤先生之间确实存在着特别的师生缘吧！

再来北大学习期间，自然与汤先生接触很多了。听了汤先生不少的课，收获颇丰，受益良多。但由于自己攻读的是中国哲学史课程的硕士学位，而且也可能是自己做事向来较真或者说死板，所以读研期间就一直在中国传统哲学范围之内来考虑选题写学位论文。那时，我给自己定下了一个大概的研究路向，计划写关于禅宗顿悟说方面的学位论文。应该承认我当时对此确实是有很大的兴趣，也为此花了不少时间，收集了大量的相关材料，更看了不少关于直觉

图2 2003年，汤一介先生主持总编纂《儒藏》工程。刘美珍、江力供图

或顿悟方面的书籍。

记得是在读硕士期间的第四个学期的某一天，汤先生约我去他家谈我的硕士学位论文的题目。那时汤先生住在中关园。可以说这次谈话基本定下了我以后学术研究的方向。

汤先生说，他曾经约一位硕士生写关于金岳霖的哲学思想的学位论文，但该生出国后尚未回校，所以建议我接着写这方面的学位论文。可那时的我根本没有看过金岳霖写的任何一本书，只是大致知道他是一位逻辑学家和哲学家。说来凑巧，我虽谈不上是学逻辑学出身的，但与逻辑学科却有着一段不解之缘，所以，我就爽快地答应下来了。

于是，我开始深入而系统地阅读金岳霖的著作及其他相关的著述。我的硕士学位论文研究的是金岳霖《论道》一书所系统表述的

图3 2011年9月16日，汤一介先生在向北京大学捐赠图书仪式上发言。北京大学档案馆供图

本体论思想体系。张岱年、朱伯崑、楼宇烈、汤一介先生等名家参加了我的硕士学位论文答辩。我的论文得到了名家们的高度评价。

沿着硕士论文的研究途径，我的博士学位论文进而立足于金岳霖的《知识论》的研究。此书有九百多页，字数达七十多万，我读了十几遍，才逐渐理解了这个知识理论体系研究及其叙述的体系结构。最终，我系统分析和研究了金岳霖的知识理论体系，揭示出其中存在的一些问题，并深入地谈了自己的一些见解和看法。

按照学位论文审查条例，博士学位论文写完首先得由导师审查。汤先生很认可我的论文，认为我的论文有深度、分析透彻细腻、论说充分。汤先生认为，我在学术上会有很好的发展前景。论文答辩时，老师们也都对我的论文给予了很高的评价。

我现在感觉到很是庆幸，正是汤先生的点拨，自己才没走上研究禅宗顿悟的路。现在看来，在这一领域，我可能也做不出什么像样的学术成就，似乎国内外学者也难见有什么深入系统的研究成果发表。就此而言，我要深深地感谢汤先生为我指出的明确的研究方向。

1991年，结束了在北京大学哲学系的学习，我回哈尔滨师范大学工作。当年年底我就被破格晋升为副教授。1993年又被破格晋升为教授。两次破格晋升就是得益于我的硕士和博士学位论文。尤其是由于汤先生的积极推荐，我的学位论文《金岳霖》收入了由傅伟勋、韦政通主编的"世界哲学家丛书"之中，1993年由台湾东大图书公司出版。回想往事，内心深处就自然而然升腾起一股对汤先生的感激之情。

图4　2012年，汤一介、乐黛云先生在贵州。刘美珍、江力供图

我在哲学方面的主要兴趣在知识论和中国现代哲学。在知识论方面出版过专著。在中国现代哲学方面也写过不少关于冯友兰、梁漱溟、贺麟等人思想方面的文章。由于我已出版了《金岳霖》，所以我本人不愿意再出版关于某个人思想研究方面的专著，倒是对于某些哲学问题的思考和研究有着强烈的兴趣。记得 1998 年前后，汤先生主编了一套"20 世纪西方哲学东渐史"，约我撰写《分析哲学在中国》一书。汤先生认为我最适合写这本书，并建议我不要局限于分析哲学，而要兼顾科学的方法理论。同时他又建议我可以将我自己的关于认识论或哲学方面的看法写进书里。我采纳了汤先生的第一点建议，所以此书的第一章就是关于科学方法的。胡适的思想远不是分析哲学的，但他在国内首先宣传了实验主义的方法理论，该书第二章叙述的就是这一方法论。汤先生的第二点建议我没有落实，倒不是我谦虚，实在是感觉到自己关于分析哲学或认识论方面的思想尚未成熟。《分析哲学在中国》一书在 2002 年下半年由首都师范大学出版社出版，后收入《中国文库》。

由于长时间地阅读与研究分析哲学方面的书籍与问题，我明显地感觉到与中国传统哲学的学者之间有着一定的距离，常常有着很不同的看法，而与分析哲学走得更近了。我是很倾向于分析哲学的方法理论及其问题意识的。经典注疏与解读当然很重要，更重要的还在于我们要在传统经典的基础上去研究我们当下面临的各种问题。我之所以走上这样的治学之路，显然是与当年汤先生建议我研究金岳霖的哲学思想是密切相关的。

我是 1985 年 9 月进入北大读硕士的，1991 年 7 月离开北大。离校前夕有位当时担任北大哲学系领导的教授与我谈起了留校的事情。

他认为我各方面的表现得都很不错，老师们对我的评价也很高。但当时我是委托培养的研究生，所以必须回原院校工作。这期间，汤先生始终在关心着我，希望我能有机会回北大工作，并积极为我创造各种条件。1997年下半年北京大学人事部向哈尔滨师范大学发来了商调函，1998年3月，我正式调入北京大学哲学系。这无疑是汤先生起了关键的作用。1994年，他向美国天主教大学的麦克先生推荐我去该校的研讨班学习。那是我第一次去美国，在天主教大学的十个礼拜期间，麦克先生几次向我谈及说汤先生曾给他写信，给予我很高的评价，希望麦克先生能够在美国给我争取一些机会等。每每想到这些往事，我内心深处就不由得升腾起对汤先生的感激之情。

多年来受业于汤先生，我时时提醒自己要努力，在学术上要有建树，不辜负先生的教诲和期望。先生离开我们已近六年了（本文作于2020年——编者注），我想：作为先生的学生，纪念先生的最好方式就是行君子之道，立己达人。

愿汤先生在彼岸世界一切安详美满！

作者为北京大学哲学系教授

师恩深如海

郭良鋆

　　2000 年 7 月 9 日（星期日），北京大学王邦维突然给我来电话，告知金先生病危住院，正在抢救。我大吃一惊。我正准备下星期去看望他，因为黄宝生写了一篇金先生新出的文集《梵竺庐集》的书评，将在《外国文学评论》上发表。这是对他八十八岁米寿的贺礼。没想到他突然住院了。第二天，我、黄宝生和蒋忠新赶紧一起去医院，只见金先生坐卧在床上，正打吊针，轻闭着双眼，看上去十分疲乏，已没有往日见到我们谈笑风生的神采。我将黄宝生那篇稿子给他看了标题，他很费力地说了声："好！"为了不影响他休息，我们便离开病房。

　　7 月 18 日我去北大看望金师母。金师母多年前做白内障手术没有成功，双眼视力日益衰减，主要靠声音和模糊的视像辨认人。当时她还不太清楚金先生的病情，我也只能说些劝慰的话。正好金先生的女儿金木婴要上医院，我就与她一起去。路上金木婴告诉我，黄宝生的文章金先生和金师母都看了。金师母认为写得很实在，很好。金先生虽然病重，但神志一直是清醒的，抽完胸腔积液后，呼吸比较通畅，人就有点精神，他亲自看完了全文，还风趣地说："他是在吹捧我哟。学生吹捧老师嘛，也是常理。"那天见到金先生比上一次好一些，我心里也宽松一些，总抱一丝希望，希望金先生命大，能躲过这一劫。那天，他反复对我说了两遍的话是："你不要来看我。"

图1 1934年秋，金克木在北平。金克木家属供图

我不禁阵阵心酸，我明白金先生的意思，一是他不要我赶很远的路去看望他，花费时间精力，二是他不希望我看到他痛苦的样子，平添伤心。

此后一段日子，北京天气特别炎热，我打了几次电话到医院，得到的总是不祥的信息。8月5日下午，仿佛一种预感，驱使我又去医院。我还没进去，金先生的儿子金木梓对我说：父亲情况不好，今天一天都没吃东西，连水都没喝，脚开始肿了。待我进病房一看，一切幻想破灭了，我明白要接受这不可回避的现实了。后来，《法音》编辑部的桑吉扎西先生也来了，他是《梵竺庐集》的编者之一。过了一会儿，金木婴来了，她对我说：金先生昨天精神好的时候，对她说，有部稿子在电脑里，是他选的十来篇文章，小序也写好了，让她将书

图2 1940年8月13日，金克木在重庆。金克木家属供图

名改为《印度文化余论》，副题为《梵竺庐集》补遗。金木婴回家在电脑上查了一下，确实都在，这也许就是金先生最后的一件心事。那天傍晚，我心情沉重地离开医院。吃完晚饭后，八点二十分左右接到王邦维的电话，告知金先生去世了。我真不敢相信自己的耳朵，尽管我知道早晚会听到这句话，但没想到竟这么快，仅仅离开医院两个小时，金先生就走了，也许他嘱咐完最后一部稿子，便安心了。我潸然泪下。四十年的师生情就这样诀别于瞬间。思绪万千，往事历历在目。

金克木先生40年代游学印度五年，按印度传统的口耳传授方式，拜名师峤赏弥学习梵文巴利文。金先生一辈子都对他的老师缅怀于心，总是以崇敬的口吻谈及他的老师。他曾对我说，他写的那篇《梵语语法〈波你尼经〉概述》，是在还老师的情，欠他的太多，没法还清。确实，一个老师赋予学生的，够学生一辈子受用，如何还得清呢？我自己何尝不是如此。

四十年前，我还是黄毛丫头，什么都不懂，踏进北大的校门，欣喜不已。而当专业分配名单公布后，我进入了自己从未听说过的梵文巴利文班。那时，我是懵懵懂懂进入教室的，发给我们的讲义有两套。一套是季先生编译的，按照西方传统学习梵文的方法，即第一学年系统学习的梵语语法，有名词变格表、动词分类表等，烦琐而复杂。另外一套讲义是金先生编译的，主要介绍梵语语法规则及其应用。在我们学习梵文的五年过程中，既接受了季先生德国模式的教学方法，也接受了金先生的口耳相传的印度模式的教学方法。季先生侧重训练我们的理解和阅读能力，而金先生则同时训练我们的口耳反应。金先生一直教我们语法练习，由简单到复杂。三四年级时我们有了一定语法基础，他便让我们做听写练习，而且，每次都认真批改打分。他在课堂上常

图3 1945 年，金克木在武汉大学哲学系。金克木家属供图

常按照印度人的方式，吟唱梵文颂诗给我们听，这是金先生的绝活之一，有幸听到金先生的吟唱，加深了我们对梵语的语感和对优美的梵语语言的欣赏能力。金先生一直主张我们背诵梵文，他自己是开口就能背梵文颂诗的。他讲课时，总是生动形象，引人入胜。高年级时，他讲授深奥的《金七十论》《波你尼语法》时，都是深入浅出，融会贯通，使人掌握要领；讲授文学作品《迦丹波利》时，很长很长的复合词，有好几行，都是修饰语，他逐一分析，把长长的句子剖析得一目了然，还告诉我们像这样的长复合词，译成汉语，必须拆成一个一个短句，才能适应中国人的阅读习惯。这对我们后来从事梵文著作的翻译起了指导作用。细想起来，我们在大学里同时接受的季氏德国模式和金氏印度模式这两套教学模式，奠定了我们厚实的梵语语法和实际运用的基础，以至于我们在十年"文革"后，还能很快捡起来，重续前弦。

我们刚进北大时，金克木先生还住在蔚秀园的平房中。在每学

图4 1990 年金克木先生给读者签名。
金克木家属供图

期开学或结束时，我们梵巴班总会组织一次班会活动，去拜访季先
生和金先生。记得第一次去金先生家拜访时，蔚秀园还都是一丛一
丛的小平房，环境很幽静。离金先生家不远，还有一个小小的荷塘。
金先生言谈风趣幽默，古今中外，无所不及。当然谈得最多的还是
印度的风土人情。

　　大学二年级下学期时，我曾经因胃病不适，休学调养两个月。
暑假病愈后，回校复习功课，准备补考。一天，我去金先生家询问
课文中的疑难。讲完功课后，金先生说："三年级是关键的一年，如
果三年级跟不上，以后四五年级念更难的作品，就会无法念下去。

到五年级还要加巴利语，学习量很重，你的身体吃得消吗？"那时的我，由于身体和学习的矛盾，感情很脆弱，竟然受不住这一问，眼泪簌簌掉下来，不辞而别，一路走回宿舍，蒙头哭一场。冷静下来后，我很后悔自己的任性，想第二天再去金先生家解释一下。不想傍晚时分，有人敲门，一看竟是金先生。他见我便说："我不放心你，来看看，是不是我言重了，你受不了，不要误会，情绪不好会影响功课复习的。"我忙说："金先生，对不起，我刚才不礼貌，主要是自己心情不好，太任性了。"金先生回去时，我送他到二十七斋门口，望着他瘦小的身影消失在匆匆忙忙去食堂的学生人流之中，心中好生感动。从蔚秀园到二十七斋，等于从北大西校门到中关村南校门，横穿半个北大。暑气蒸人时，年过半百的、一位有名望的北大教授竟亲自来到宿舍安慰一个不谙世事的学生，使我心里深感歉疚。后来，在金先生、季先生和梵文班同学的帮助下，我终于跟上了班，完成了大学五年的学业。

1965 年毕业，我被分配到当时的中国科学院哲学社会科学部哲学研究所。"文革"十年，人人自危。我没有勇气，也不敢去看望两位老师，只是暗中打听他们的情况。"文革"期间，金先生精神上、肉体上都备受折磨。但是，不管是隔离审查，还是干校劳动，金先生都挺过来了。"文革"过后，政治空气稍稍松动，我们又开始去北大看望两位先生。记得"文革"后第一次去看金先生时，他见到我第一句话是："又要来听我放毒了啊！我教你们五年，放了五年毒。我说的每句话都是放毒，都要批判的。以后我不再说了，就不再毒害你们了。"没有经历过"文革"的人是很难体会这话内含的痛楚的。

金先生早年接受马克思主义思想，曾经被国民党逮捕过。他钟爱印度古代文化，到北京大学东语系后，研究梵文、巴利文。在北京大学期间，他教过乌尔都语、印地语、印度文学史等课程，而最主要的是与季先生一起开了五年梵文巴利文的课程。

"文革"后，金先生已住在蔚秀园后面新盖的楼房中。全家五六口人住在两间小小的房间里，原来一套古色古香的家具已经没有，整套整套的线装书书箱也荡然无存。就在这拥挤不堪的小屋里，金先生又开始看书做学问。那是 70 年代末，他身体还可以，每天从蔚秀园走到东校门附近的教师阅览室去看新书和杂志。过去，在三教附近的文科阅览室里边，有一个教师阅览室，所有的书都是开架的，还有新书陈列，我们念书时也曾进去过，非常喜欢那里的看书环境。现在，这些阅览室已不复存在。北大盖了新图书馆后，金先生便天天去新馆，不但阅读印度学方面的书籍，还阅读大量西方各种新的学术思潮方面的书籍，例如符号学、信息学、比较人类学等。他见到我，又开始滔滔不绝地跟我谈起这十年国外印度学发展的情况，告诉我要关注哪些领域的研究，选择课题等。那时，我在哲学所，与黄宝生合译了恰托帕底耶的《印度哲学》。金先生对我说，研究印度哲学的真正切入点是正理派哲学。叫我可以先翻译较晚的一部介绍正理哲学的梵文著作《思辨概要》（*Tarkasamgraha*），熟悉了正理派的主要哲学术语，再深入下去，便容易了。我听取金先生的意见，翻译了梵文《思辨概要》，虽然篇幅不长，但这是自己梵文翻译的处女作。这篇译作发表后，始终受到国内研究因明逻辑的学者们的欢迎和好评。后来，金先生又将自己珍藏的达鲁瓦（A. B. Dhruva）校勘的梵文本《入正理论》借给我，说可以做梵汉对照。限于自己当

图5 1990 年，金克木先生与外孙女合影。金克木家属供图

时的学识，初步做完梵汉对照后，一直搁置了二十余年，直到去年才重新拿起，做出完整的对照和评说，公开发表。金先生在印度哲学方面造诣极深，改革开放后，他最先发表的学术论文《试论梵语中的"有—存在"》，就涉及印度哲学。写一部印度哲学史是他的夙愿，但由于年龄和精力的关系，未能如愿。

80 年代初，我离开哲学所，到了由季羡林先生主持的南亚所，主要搞巴利文，从事南传佛教的研究。金先生知识渊博，广闻博记。他的佛教研究造诣丝毫不逊于印度哲学。1983 年我要去斯里兰卡进修巴利语，也是金先生指点我去学习《经集》，并且将他手头的巴利文文本《经集》送给了我。这本书陪伴着我度过两年留学生活，而且我还不时地想起临行时，金先生对我的嘱咐和关心，教我如何在国外生活和学习。他对我说："你选学《经集》，一定是老师单独对你讲课，所以，课前一定要充分预习，这样，上课就能有的放矢，也听得明白。生活上自己做饭好一点，要当心疟疾和痢疾，现在你打预防针了，比我那时候强。不管怎样，一定要保证每天吃一个鸡蛋、一杯牛奶，这样身体就有抵抗力。千万不要为省钱，舍不得吃，营养跟不上，身体就会顶不住。"这些关怀备至的话与我临行时父亲对我说的一模一样。带着这些嘱咐，我在斯里兰卡平安地度过了两年。1990 年《经集》汉译本出版，果然受到社会的欢迎。许多读者由此知道了巴利文和南传佛教，迫切希望知道更多的信息，至今还常有素不相识的读者索要此书。

金先生对印度史诗《摩诃婆罗多》素有研究。60 年代，师母唐季雍先生就从英文翻译了《摩诃婆罗多故事》，文笔流畅，金先生还为这个译本写了长篇序言，使大学时代的我们不胜敬慕。后来，我们知道师母是武汉大学唐长孺教授的妹妹，书香门第，毕业于西南联大，有相当深厚的文学修养。80 年代初，金先生指导赵国华进行《摩诃婆罗多插话选》的翻译工作。金先生不但帮助他选择插话，而且还亲自动笔翻译。那时，金先生已是七十余岁高龄的老人了，且不说梵文字母很小，看起来很费力，而且有许多地方需要查阅参考书，是很劳累的。1987 年，《摩诃婆罗多插话选》由人民文学出版社出版。接着赵国华开始组织《摩诃婆罗多》的全本翻译工作。金先生又义不容辞地承担第一篇《初篇》中的楔子部分的翻译工作。当第一卷完成时，由于经济问题，出版搁浅。直到 1991 年赵国华去世后，《摩诃婆罗多》第一卷才得以于 1993 年出版。90 年代中后期，人民文学出版社将《摩诃婆罗多插话选》收入"世界名著丛书"再次出版，金先生让我去取稿费，分发一下，并对我说："赵国华去世后，他爱人和孩子生活如何，是否困难，将我的稿费给他们吧！"

图6 1991年3月，金克木与华君武（右）。金克木家属供图

赵国华爱人余桂珍很感动，让我谢谢金先生的心意，说她孩子工作了，经济上不困难。金先生才收下自己的稿费。金先生一直关注着全本《摩诃婆罗多》的翻译和出版。当我告诉他中国社会科学出版社准备出齐此书，请黄宝生主持这个项目时，他很高兴，连声说："那行了，那行了。"一晃又是几个年头过去了，我们刚把前三卷的译稿交给出版社，还未及告诉金先生，金先生却已离我们而去。这一深深的遗憾，永远永远令我们思之怅然。

金先生对新鲜事物从来都是兴趣盎然的。近几年电脑发展很快，没想到八十五岁高龄的金先生对电脑运用自如。一次，他兴奋地对我谈起用电脑有多方便，省得用手写字。手写会哆嗦，写的时间也不能过长，用电脑只要敲键盘就行。我知道金先生年轻时在报社工作过，英文打字很熟练，键盘熟悉不成问题，但汉语拼音他未必念过。我说："金先生，你汉语拼音没问题啊？"其实，是我自己存在

图7 1998年5月4日，金克木先生与首届印地语学生在家中合影。金克木家属供图

问题。我是南方人，普通话发音不准，总会拼错，而且用的又是全拼，思路常打断，所以电脑用得并不顺。不想金先生说："你怎么那么傻，不要用全拼，你用'标准'，只要打起首的辅音，就可以了。"经金先生一点拨，我后来就使用"标准"，果然省事多了。金先生一辈子都聪明好学，什么新鲜的，一学便会，用他的话来说，那是因为他年轻时，在报馆工作过，缺什么行当，就要学什么行当，而且要及时学会。80年代末，金先生家搬到朗润园13号。我总是沿着外文楼后面那条小道去他家。那是条曲折的小道，背山依水，十分幽静。这十几年，北大校园有很大改观，这条曲折幽静的小道始终没变。每逢我沿着这条小道去看望金先生时，常能见到他一个人在家中摆弄围棋棋谱。他看电视上的围棋，很快就能算出多少子，对结

局作出判断。

金先生是南方人，身材并不魁梧，但在这瘦小的身躯里，蕴藏着绵绵不断的才思，如春蚕吐丝，结出无数丝茧，留给后人编织美丽的丝绸。他留下的几百万文字的精神遗产，是我们宝贵的财富。我们永远感谢他，深深地怀念他。

作者 1965 年毕业于北京大学东方语言文学系，现为中国社会科学院亚洲太平洋研究所研究员

勤奋、严谨、求实、创新

——追忆李赋宁先生

沈 弘

1984 年，正当我即将从北京大学英语系硕士毕业的时候，系里的三位老教授李赋宁、杨周翰和赵萝蕤先生首次开始面向全国招收博士研究生。也许是当时这个决定来得太突然，大多数同学都还没有做好思想准备，所以最后系里只剩下了我一个人参加报考。经过了政治、专业课（英国文学）和外语（拉丁语）这三门例行的考试，我毫无悬念地成了李赋宁先生的，也是英语系的第一位博士研究生。

其实我当初上北大，也就是冲着李赋宁这个名字来的。1974 年，原本调皮捣蛋的我从杭州市第十中学高中毕业后，阴差阳错地被分配在母校当英语教师，于是开始认真学习英语。在当时的"文革"背景之下，学习条件是无法跟现在相比的，但幸运的是，学校一个小图书室里居然比较完整地保存了一些解放初的英语课本和"文革"

图1 1990年，沈弘与博士论文导师李赋宁在北大第一教学楼前合影。本文作者供图

前的期刊。我便充分利用了作为教员的特权，在一年的时间内，自学了1952年由林汉达编写的中学英语读本，并将《英语学习》《外语教学与研究》《文学研究》等期刊上有关英语学习和英国文学研究的文章都从头到尾仔细地看了一遍。当时给我印象最深的就是北京大学李赋宁先生和杨周翰先生等人学问渊博、才华横溢的文章，并在心底暗暗萌发了想要去北大求学的梦想。尽管当时形势突变，我们这批留校任教的"文革"后首批高中毕业生，因未接受过工农兵再教育而在一年后被重新分配去当工人，但我在业余时间自学英语却一直坚持了下来。

大概是在1976年，《人民日报》上发了一条只有几十字的短消息，内容是李赋宁先生在北大给工农兵学员上英语课。这条消息给我自学英语注入了强大的动力,心中的梦想也逐渐演变成一个明确的目标。果然,第二年便在全国范围内恢复了高考制度,去北大学习也不再只是一个梦想。可惜当年北大在浙江只招法语专业学生。于是在填写高考志愿时,我毫不犹豫地将北京大学西语系的法语专业列为第一志愿,而把杭州大学外语系的英语专业列为第二志愿;并且只是在业余时间自学了两个星期法语的情况下,同时参加了英语和法语这两个不同专业的笔试和口试。由于杭州考区考生的英语试卷成绩比较突出,北京大学后来临时增加了英语专业的扩招名额。我终于如愿以偿,在二十三岁那年幸运地搭上了末班车,成为北大西语系英语专业的学生。

1977 级学生应该算是非常幸运的。当时国内英语界的一些元老们,如陈嘉、朱光潜、王佐良、周珏良等,都曾经在北大给我们做过讲座;而作为北大西语系主任和后来英语系主任的李赋宁先生更是与学生们朝夕相处,不仅经常给我们做各种学术讲座,而且还亲自执掌教鞭,给我们上过"英国文学史""英语语言史""莎士比亚"等一系列本科生和研究生课程。在学生时期,李先生给我留下印象最深的是他的平易近人。平时在校园里偶尔碰见,他都会停下来跟我聊一会儿,问长问短,完全没有大学者的架子。另一点使我印象深刻的是他的勤奋。有一年我暑假没有回杭州探亲,每天都去俄文楼的自习教室看书。有好几次我发现李先生居然也在那儿看书。平时在教师和研究生的工具书阅览室也经常可以看到他的身影。

李先生上课时说话慢条斯理,循循善诱,思想条理非常清晰,凡是听过他课的学生无不啧啧称羡他惊人的记忆力。他对于教过的学生都能准确地叫出他们的名字,上课时虽然备有详细的讲稿,但

图2 1992年，教授们在北京外国语大学外文所前合影。从左至右依次为李赋宁、裘克安、王佐良、周珏良、胡文仲。北京大学图书馆供图

从来也不用看。各种人物、地名、历史事件、文学术语和流派他都能娓娓道来，因为它们都早已烂熟于心中；至于大段的引语、名言和典故，他也是随手拈来，似乎全不费工夫。在上"英国文学史"的时候，他总是能言简意赅地将特定的历史背景、文学流派和作者生平清晰地勾勒出来，使学生听过之后便难以忘怀。我自己曾经准备了一些似乎很刁钻的问题，在课间问李先生，但他每次都能从容释疑，轻松化解我的难题。根据我事后的查证，他所提供的信息全都分毫不差。

李先生上课并不仅仅是传授知识，而是特别注重教学生学习和研究问题的方法。例如在分析作品时，他会提醒学生注意文学作品

在不同层面上的蕴义。每次考试之前，他会讲在复习和答题时必须注意的一些要点。如果学生课下向他提问时表露出对某一个问题有特别的兴趣，李先生就会不失时机地给学生列出一些参考书，鼓励对方就该问题去做进一步的探讨。

"英语语言史"本来是一门艰深而晦涩的课程，但李先生能够将它教得有声有色，令学生学得兴趣盎然。我至今仍记得上头一堂课时的戏剧性场面。李先生在开场白中并没有讲什么大道理，而是向我们这些已经学了十几年英语的研究生问了一些看似简单，实际上却很难回答的问题：我们都知道英语动词的第三人称单数要加"s"或"es"，但谁能来解释一下其中的道理？英语动词分规则动词和

图3　1997年9月，李赋宁与学生在河北大学合影。左起依次为黄必康（1995年入学）、沈弘、李赋宁先生、辜正坤、袁宪军。本文作者供图

图 4　1998 年 5 月 4 日下午，李赋宁先生在北京大学英语系全体师生校友百年庆典大会上讲话。北京大学图书馆供图

不规则动词，其中规则动词的过去式和过去分词要在动词原形后面加 "ed"，而不规则动词则主要是靠元音的变化，这又是为什么？英语中名词的复数形式是在名词后面加 "s" 或 "es"，但又有一些特殊的名词，其复数形式是加 "en"（如 ox-oxen），有些则什么也不加（如 fish，sheep）；还有一些是把单数结尾的 "-on" 改成 "-a"（如 phenomenon-phenomena），诸如此类，五花八门；这些不规则的形式又应该怎么解释？还有英语中元音的发音往往很不规则，例如 "bury" "busy" 和 "but" 这三个词中的元音虽然字形相同，但发音都不一样，其原因何在？这一连串的问题将我们这帮平时颇为高傲的研究生们问得面面相觑，不知所措。但与此同时，我对这门课也

产生了极大的好奇心，很想要弄明白这其中的奥妙。

李先生经常向我们强调过语言关的重要性，因为研究文学的人就必须读文学作品的原著，而大量早期的英国文学作品是用古英语、中古英语和早期现代英语写作的。如果没有英语语言史方面扎实的基础，正确理解作品原著便成了一句空话。他喜欢引用莎士比亚悲剧《哈姆雷特》中王子在母后卧室中误杀大臣波洛涅斯后，跟母亲的一段争吵中两人所用人称代词"thou""thee"和"you"之间的变化作为例子来说明这一点。

1985年，我在考取李先生的博士研究生之后，主要攻读的方向定为中世纪英国文学。从一开始，李先生就为我制订了一个严格的学习计划：他要求我在一年内基本掌握古英语和中古英语，并且读完从《贝奥武甫》到弥尔顿《失乐园》的大量早期英国文学经典作品原文。我便开始了一段对古英语和中古英语的强化学习。凭借"英语语言史"这门课的基础，我在较短的时间里就学完了《古英语基础》（*The Elements of Old English*）和《古英语入门》（*Guide to Old English*）这两个附有作品选的标准古英语课本。之后便一头扎进了早期文学作品原著的海洋。古英语学习是相当枯燥的，你必须死记硬背许多名词、形容词的变格形式，以及强式和弱式动词的各种变位形式，此外还有大量的生词。阅读克莱伯（Klaeber）编注的《贝奥武甫》便是一个非常痛苦的过程。古英语诗歌中的句子冗长，结构也比较复杂，再加上生词一大把，所以往往是读到后面又忘了前面。一个句子要来回折腾许多遍之后才能够勉强弄明白。花大半天工夫才能够读完十几、二十几行。但从另一方面来说，正是由于其难度较大，古英语学习便具有了很大的挑战性，并且常常能够将学

图 5 1998 年，李赋宁教授与西方语言文学系 1979 级英语专业部分同学合影。北京大学图书馆供图

习者领入一个个新的领域。当最终读完这首古英语史诗之后，仿佛觉得眼前豁然开朗，过去认为很难的乔叟、莎士比亚和弥尔顿等人的作品忽然就变得容易多了。

李先生特别注意调动和发挥博士研究生的主观能动性。他在帮我录制了一段朗读古英语的录音带和指定了学习课本之后，便让我按照自己的进度去学。我则定期去见导师，汇报学习进度，问一些自己不太明白的问题，并每学期向李先生提交作为读书报告的论文。在写读书报告时，李先生则要求我们不能盲从权威的论断，而是要努力去发现书中论点的破绽，从而能够提出自己的观点。虽然李先生平时为人随和，但在改论文时总是一丝不苟，连一些小的问题也不放过。有时候我交上去的论文已经经过了外国专家的审阅，并且获得了称赞，自己心里也颇为得意，但是经过李先生改了之后才发现原来里面还有那么多的问题。这也使我深切感受到学无止境。在头一个学期中，我向李先生提交了两篇论文。其中的一篇论文，《"Discipuli"，还是"Ðegnas"？——古英语用语初探》，后来在《北京大学学报》（哲学社会科学版）上发表，并且获得了 1987 年的北京市高等学校哲学社会科学中青年优秀成果奖。

在读博士研究生期间，由于李先生赴美国康奈尔大学讲学，便由我代他在清华大学和北大英语系教了两个学期的"英语语言史"。1987 年至 1988 年，我在李先生的推荐下作为联合培养博士研究生赴英国牛津大学进修，跟圣埃德蒙厅的布鲁斯·米切尔博士学了一年的

图6　李赋宁与外宾交谈。邹士方摄于 1980 年

古英语和英语语言史，对于这个领域的内容和意义有了更深刻的认识。此后，我又有机会赴哈佛大学、多伦多大学和英国的布里斯托尔大学等中世纪研究中心进修深造，并在美国和加拿大数次参加了中世纪研究的国际学术会议。就这样，李先生将我领入了中世纪文学研究的殿堂。

2004年4月，我曾收到学校宣传部寄来的一份有关校庆宣传的调查表，其中第一个题目就是，燕园中哪个建筑最能代表北京大学的形象？我对这样的问题很不以为然，因为燕园中比较有代表性的建筑，如贝公楼、博雅塔、临湖轩和姊妹楼等，都是当年的教会大学所建，均有其特定的历史内涵，怎么能够名副其实地代表北京大学的形象和精神呢？对于我个人来说，真正能代表"勤奋、严谨、求实、创新"这个北大校训的倒不是哪座楼，而是那些学生时代曾经教过我们的老师们，而在我脑际中众多重叠的老师形象中，最清晰的一个当然是我的博士论文导师李赋宁先生。

可惜，由于日常工作繁忙，我没能来得及在校庆之际将自己的想法整理成文。现在再写出来，只能算是对故人的追忆了。

2004年10月31日
于西三旗育新花园

作者1977至1987年在北京大学英语系学习，现为浙江大学外国语言文化与国际交流学院教授

传道　授业　解惑

王邦维

记忆中仍然清晰地留着十七年前（1979 年——编者注）第一次见到季羡林先生时的印象。那是在秋天，到北大报到后不久，研究所的老师通知我们，季先生要召见我们四位研究生，段晴、任远、老葛和我。在六院的一间办公室里，先生坐在桌子的一端，我们四人分开坐在桌子的两边。先生穿一身蓝色的中山装，当时还并不太显老。先生问了我们些一般的问题，大致是了解我们每人的情况，然后说："你们先上梵文课，争取把梵文学好。有时间，各方面的书，也可以找来看看。"先生的声音很平和。

我的三位师兄妹当时想了些什么，我不知道，可我当时的感觉是：怎么这么简单？该读什么书，先生为什么不给我们说具体一点呢？我记得，当谈话结束，先生已经走出办公室，我又赶紧跟上去，问先生：先生讲到读书，该读什么书？可是先生仍然没有给我一个

图 1　季羡林在北大办公楼前。邹士方摄于 1981 年

明确的答复。我真有一点儿失望。

不过，我后来就渐渐明白了先生的话，简单却也并不简单。

先生为人，平易而可亲。先生讲话，话语简单而朴实。十七年来，听先生讲课，向先生请教问题，与先生一起做讨论，已经记不清有多少次。对我们提出的问题，先生有时做具体的回答，更多的时候则是启发我们自己去思考。读研究生，要做论文。选什么作论文题目，先生从来就是让我们自己去考虑。一般的情形是，我们自

图2 1983 年，王邦维与季羡林先生合影。北京大学校史馆供图

己提出一个选题，先生并不先说行还是不行，只是问我们为什么要选这样的题目，如果真要做，打算怎么做。结果往往是我们的想法被否定。于是我们只得再动脑筋，再提出想法，当然也可能再被否定。在反复地被否定中，我们的思路终于变得清晰起来。最后，题目出来了，论文也出来了。虽然我们最后写成的学位论文未必真正达到先生的要求。

先生常给我们提到一位德国教授的话："学外国语就像学游泳。只是站在游泳池边讲理论，一辈子也学不会游泳。我的方法是，只要有学生到我这里来，我立刻让他下水去。只要他淹不死，游泳就学会了。"这是在"游泳中学会游泳"。

学外语如此，学习做研究工作其实也是一样。

学习做研究工作，该怎么样？先生讲过一个故事。一位德国很有名的医学教授，他以严格著称。一次考试，他进了教室，拿出一样东西，放在桌子上，然后向学生发问："这是什么？"学生看在眼里，觉得桌子上的东西是猪肝，但转念又想：教授的考试，怎么可能会这样简单呢？学生不知所措，虽然觉得真像是猪肝，但始终不敢说是猪肝。到了最后，也没能回答教授的问题。这时教授只好宣布："这是猪肝。"学生此时似乎才明白了一点什么。教授问学生："你大概已经认出这是猪肝，可是为什么不敢回答呢？看见是什么，就答是什么，这就是科学。事情不就是这样简单吗？"先生说，这位教授要求学生的，其实是要树立和坚持做科学研究的基本原则。

我后来渐渐更明白了一些，看见什么，就说什么，实在并不像想象中那么容易，但这条原则无论如何不能放弃。

关于做研究工作，先生还讲过一个故事，也是德国教授考学生的事。

一次考试，也是这位教授，问学生一个问题："你看我这衣服，是什么颜色？"学生有些犹豫。教授穿的是一件很旧、发黑的衣服。学生端详了一阵，回答道："教授先生，您的衣服，曾经是褐色，但现在已经变成了黑色。"教授听了，大加赞赏，说这位学生回答得准确而全面。原来这位教授平时不注重穿着，他的衣服，已经穿了些年头，旧而且脏，颜色已经变了，显得发黑。

这也许只是故事。但从这个故事中，我得到的体会是，做研究工作，推理要细心，下结论要尽量准确，考虑问题则要全面。先生

图3 季羡林在他的八十华诞庆祝会上发言。邹士方摄于1991年

说，这点道理，说起来卑之无甚高论，但很实在。

十几年来，我前前后后也写过和发表了一些文章，甚至出版过几种所谓的"专著"。如果说其中多少有点可取之处的话，原因之一，就是我做这些事时不敢懈怠，尽量不粗心。先生讲的故事和教导，我是受益者。

1981年，我做硕士论文，其中一项任务，是对一些古代的刻本做校勘。古刻本中有一种是藏在北京图书馆的《赵城金藏》。这是稀世的文物。研究所的耿老师为我跟北图联系，那边答复，研究生不行，但如果像先生这样的学者要看，那是可以的。可是，先生当时是研究所的所长，又是北大的副校长，还有其他许多兼职，工作极其繁忙，我怎么能劳动先生为我的事一起进城去北图呢？但先生知道了这事，立即说："那我们找个时间一起去吧！"

于是安排了一天，先生为此专门与我一起去了北图。之后的一切都很顺利。卷子从书库被调出来，我立刻开始工作。先生先是站在旁边，看着我做记录。过了一阵，先生拿出早准备好的一摞《罗摩衍那》的清样，读自己的清样。就这样，整整半天的时间，先生一直陪着我，直到我校完录完卷子。

离开北图，在汽车里，我谢谢先生。先生只是说："今天很好，

图4 1991年庆祝季羡林先生八十华诞，张岱年教授与季羡林教授在一起。北京大学图书馆供图

这件事就算是功德圆满了。"

在具体的事情上，先生给我的是最具体的帮助。

1989年9月，我要去英国。去之前，我跟先生辞行。那也是一个秋天的下午，下着雨，房间里显得很暗，我的心情不好，先生的心情也很抑郁。我说我要走了，先生有什么要嘱咐的吗？先生说："别的都没什么，多保重。有机会到国外学习，是好事。国内的事情不知会怎么样，如果好一些了，就回来。中国人，还是为中国做事好一些。"

在国外几年的日子里，我没有忘记先生的话。

1991年，我在德国的哥廷根。一天，我认识的一位从南京来的访问学者告诉我，他的儿子从国内寄给他一份剪报，是先生写的《重返哥廷根》，我赶紧要了来。出国以后，已经好久没有读过先生新写的文章，而且先生正好写的是哥廷根。这份剪报，在哥廷根的一些中国留学生和访问学者中传阅。我们都被先生深情的文字感动了。

但我对先生在文章里讲到的人和事更有一种特殊的感受。先生的文章里，最动人的，是写他重返哥廷根时，与分别了三十五年的恩师瓦尔德施米特教授和他的太太相见的那一段。我每天去的研究所，当年就是瓦尔德施米特教授在主持。研究所现在的房子，原本是瓦尔德施米特教授私人的住宅，他们夫妻在生前捐献给了研究所。遗憾的是，我到哥廷根时，已经没有机会见到他们，他们已先后去世了。不过，在研究所底楼的走廊里，依照德国大学或研究所的规矩，挂着曾经在研究所工作过，又在学术上做出过重大贡献的几位教授的肖像。他们无一不是当时德国、欧洲乃至世界上在印度学领域内的第一流的学者。其中年代最近的一位，就是瓦尔德施米特教授。

当年瓦尔德施米特教授对先生的诱掖教导之恩，先生耄耋之年依然念念不忘。先生尊师，爱师，不是又给我们树立了一个榜样吗？

此后，每当我在研究所，凝视这些学术前辈，包括瓦尔德施米特教授的肖像时，我不禁更加肃然起敬。

传道，授业，解惑。先生敬爱他的老师，我也敬爱先生。

1996 年 5 月 2 日

于东方学系建立暨季羡林先生执教五十周年纪念日前夕

原题为《传道，受业，解惑》，作者为北京大学外国语学院教授

得天下英才而教育之

——为陈岱孙先生逝世两周年而作

王曙光

　　陈岱孙先生是我国老一辈著名经济学家、教育家，经济学界一代宗师。自 1927 年哈佛归来，岱老先后在清华、西南联大、北大执教七十载，沾溉无数学人，可谓桃李满天下。岱老学识渊深，才华盖世，却又淡泊名利，洁身自爱，操守坚贞，堪称师表。我恐怕连岱老的"私淑弟子"也算不上，但有幸生活在大师身边，"虽不能至，心向往之"，对岱老的道德文章总是心怀感佩。

　　我第一次拜访岱老是在 1995 年 5 月，彼时燕园正是春树如云的阳春时节。岱老的寓所在燕南园静谧幽深的一角，绿竹掩映，野花飘香，很有情调。岱老那天很开心，他仍是习惯性地坐在靠门的旧沙发上，以悠远和缓的声音与这些小他七十岁的晚辈娓娓而谈。聊到年轻时围猎追击野猪的逸事，岱老笑意陶然，竟有孩童般夸耀的神气，身上自有一种活泼纯真的气象，让我不禁想起"大人者，不

图1 1936年，任教于清华大学的陈岱孙教授。本文作者供图

失其赤子之心"这句话来。席间有人问到岱老的"养生秘籍"，岱老一笑，说道："顺其自然而已。"他说他从没有什么秘不示人的健身之法，甚至不相信气功。在他的小院子里，他用手杖指着满地疯长的二月蓝，风趣地说："这东西可以吃的。"我至今珍藏着那天与岱老的合影，在我们的身后，盛开着一片金黄的连翘。事后，我写了一篇小文，题目引用《诗经》上的一句话"崧高维岳，峻极于天"，以表达我对他的敬意。送他审阅时，他正住校医院，读后自谦地笑道："过誉了，过誉了。"

岱老身材伟岸，衣着质朴无华，平素寡言，神色矜持庄重而闲雅，策杖徐行燕南园中，一派名士风度。可惜吾生也晚，未能一睹岱老讲坛上挥洒自如的神韵，只好凭借前辈们吉光片羽式的回忆来想象一番。他经常讲"为师者"要使求学者"长学识，长智慧，长道义"，这三条岱老以身作则，当之无愧。岱老常在书的扉页上用一方闲章，上刻细篆"慎思明辨，强学力行"，这八个字，他也是当之无愧的。岱老二十九岁即担任清华大学法学院院长，又在北京大学经济系执掌系务达三十年，处事缜密迅捷，颇具行政才能，金岳霖先生在回忆录里叹服岱老是"能办事的知识分子"。抗战事毕，岱老主持清华复校诸事，厥功甚伟。岱老的守时是出了名的。我们毕业的时候，岱老已是

图 2 20 世纪 30 年代，任教清华时期的陈岱孙。
本文作者供图

九十五岁高龄。我前一天与他商定，邀他翌日出席我们的毕业合影活动。没想到我去燕南园接他的时候，他已扶杖端坐在图书馆前的长椅上。他是那样高贵又质朴的一个人。

1995 年的初夏，北京大学为岱老举行盛大的祝寿会，岱老那天身穿玄色中山装，显得格外凝重庄严。当岱老缓步进入报告厅时，全场起立鼓掌，掌声久久不息，几代学子用这种无言的方式表达他们对一位一生无欲无求尽瘁教育的老师的由衷敬意。岱老为这次祝

图3 80年代初的陈岱孙教授。

本文作者供图

寿会而做的即席演讲，是我平生所听到的最为感人肺腑的讲话之一，至今难忘。

岱老说："我首先要对同志们的厚谊隆情表示由衷的感谢。同时，我又感到不安和惭愧，因为同大家对我的期望和鼓励相比，我所做的工作实在太少了。时光流逝，一晃大半个世纪过去了。在过去这几十年中，我只做了一件事，就是一直在学校教书。几十年来，我有一个深刻的感受，就是看到一年年毕业的同学走上工作岗位，为国家社会服务，做出成绩，感到无限的欣慰，体会到古人所说的'得天下英才而教育之，一乐也'的情趣。"

岱老演讲毕，向台下郑重其事地鞠了一躬，台下又是经久不息地起立鼓掌，此情此景，令人眼湿。

两年前（1997年——编者注）的盛夏，岱老终于走完了近一个世纪的漫长人生。他一生淡泊，孤独，将全部的精力贯注到教书育人之中，对他而言，教书不仅是安身立命的职业，更是他全部生命的诠解方式，这种诠解几近一种宗教式的虔诚和投入。"千古文章未尽才"，与七十年治学执教生涯相比，岱老并非著作等身，将近二十年的学术沉默，既是他个人的遗憾，也是一代知识分子命运与节操的缩影。正如岱老一位后辈所写的："他的生命因孤独而见深邃，因坚韧而见力度，因博爱而见宽广。"岱老对后代的深刻影响，与其说是学术上的，

图4 90 年代，陈岱孙先生在北大校园。本文作者供图

毋宁说更是人格上的，他卓尔不群的人格魅力将作为一种传说被流传下去。

他去世后，我曾连夜撰写挽联（收于《陈岱孙纪念文集》，福建人民出版社，1998 年版），献给这位我所尊崇的师长：

学为儒范，行堪士表，仰一代宗师，道德文章泽后续；
质如松柏，襟同云水，数九秩春秋，经世济民慰平生。

图5　1989年秋，陈岱孙教授（前排右二）迁入燕南园54号，在新居前与家人合影。
北京大学图书馆供图

　　而今两年过去，我也选择了执教鞭的职业，岱老的为师风范，是我私心所向往和仰慕的。偶到燕南园那个熟悉的院落散步，总要立在岱老高大的铜像边，徘徊许久不想离去。那尊像，孤独，神秘，高贵，而又令人感到温暖，超脱，大气，使人忘却尘想。

1999年9月

　　作者为北京大学经济学院教授，北京大学产业与文化研究所常务副所长

王铁崖先生和北大国际法研究所

饶戈平

今年（本文作于 2013 年——编者注）是北京大学国际法研究所成立三十周年，也是研究所创建人王铁崖先生一百周年诞辰、辞世十周年。在这个特殊的年份里，我们深切缅怀敬爱的王先生，怀念他老人家对北大国际法研究所的杰出奉献和感人情怀。

20 世纪 80 年代，不妨说是王铁崖先生国际法学术生涯中的一个巅峰时期，内中一个重要标志就是亲手创建和主持了中国国际法研究与教学的重镇——北京大学国际法研究所。

70 年代末，从二十年困顿生活中走出来的王铁崖先生，很快以一代宗师的使命感肩负起发展中国国际法学的历史重任，以年轻人一样的热情和进取精神，全身心投入国际法事业的振兴当中。1979 年，他和魏敏教授一起在《人民日报》撰文，呼吁国家在新时期重视国际法的教学研究；同年在北大法律系创办了中国高校的第一个

图1 王铁崖教授。北京大学档案馆供图

国际法专业。1980年，他组织、推动成立了中国国际法学会，成为改革开放时期第一个全国性国际法法学学术团体。1981年，他主编出版了新中国第一本《国际法》教科书，在此后至少二十年全国国际法教学中被奉为圭臬；1982年，他创办、主编了《中国国际法年刊》，摘取了法学界第一部学术年刊的美誉。一时间，国际法学如同一列开足马力的火车在中国学界风驰电掣地奔跑起来。不过这些仅仅是王先生运筹帷幄中的一部分，他的目标还远不止于此。他认为要提高中国国际法学的整体水平，必须推动和组织国际法各个领域的研究，必须加强同国外学界的交流合作，必须加紧国际法人才的培养，必须设立一批有影响力的研究机构。王先生身体力行，从北大开始做起。1981年，他首先在北大法律系成立了国际法研究室，随后，又力主在此基础上扩建为研究所。他奋笔上书，多方奔走，终于在1983年5月，推动教育部正式批准成立北京大学国际法研究所。王铁崖先生亲自担任所长。

北大国际法研究所是中国第一个国际法研究机构，聚集了当时国内为数甚少的一批国际法学者，其研究领域涉及国际法的各个方面，包括国际法的基本理论与发展动向、国际法与中国的关系、海洋法专题研究、人权问题的基础研究与专题研究、联合国与国际组织法、国际人道法、国际环境法、欧盟法，以及国际法的资料编纂等。研究所的成立，为北大的国际法研究、教学、对外交流提供了良好条件和舞台，促使北大的国际法学科在其后的十多年里获得重大发展，忝列为国家重点学科。

　　研究所成立之初可说是白手起家，一无所有。创办伊始，百事待兴，当务之急是筹措经费，汇集图书，添置设备。王先生首先同教育部交涉，取得联合国开发计划署的资助，订购了一大批基础性的外文图书资料，购置了必要的现代化办公设备，一个初具规模的资料室由此建立起来。其后，王先生又利用其广泛的个人关系，从国外学术机构和友人处募集了一批批宝贵的捐赠图书。其中包括全套的《美国国际法学报》《加拿大国际法年刊》和英国的《国际法与比较法季刊》。海牙国际法学院通过荷兰驻华使馆赠送了一整套《海

图2　王铁崖（中）指导学生常竞超（左）、何春超（右）。北京大学档案馆供图

牙国际法演讲集》，德国马普国际法研究所所长伯恩哈特寄赠了一套
《国际法百科全书》。联合国秘书处法律部高级官员陈琨、李世光、
王凯琳多年来坚持给所里寄赠联合国资料。这批资料在 80 年代显得
尤为珍贵，真如雪中送炭，不但北大师生，全国各地慕名而来的学
者也都由此受惠。陈琨、李世光及王先生的其他友人和学生还分别
尽其所能，提供了数额不等的赠款。这一批批赠书、一笔笔赠款，
渗透着王先生的募集之劳和创业艰辛。十多年里研究所的活动经营
几乎都是由这些赠款支撑，研究所的大部分图书，也都是经王先生
之手募集而来。

　　大力开展国内外学术交流，是王先生创办国际法研究所后倾力
开展的一项重要工作，开 80 年代初国内学术界之先风。可以说，北
大法律系的对外学术交流最早是从国际法开始的。学术交流的活跃，
不但在北大法律系形成了良好学风，开阔了师生的视野，建立起与
国内外同行的长久联系，而且使北大国际法研究所成为中外学术交
流的一个窗口，在国内外建立起良好声誉。

　　王先生通过各种渠道，邀请了国际上一批知名的国际法学者、专
家来北大访问和讲学。这里应该首先提到的是加拿大著名国际法学家
麦克唐纳教授。他是 80 年代初加拿大总理特鲁多先生亲自向中国方
面推荐的，是第一个来北大访问、演讲的外国国际法教授，由此也同
王先生结下了终身友谊。他先后三次到访北大，并在加拿大接纳、培
养了一批批经王先生推荐的中国国际法学者，其中包括白桂梅、孟庆
南、刘高龙、高之国、李兆杰等人。他对中国学生的慈爱和照顾，在
中加学界传为佳话。十多年里，麦克唐纳教授尽其所能，始终支持国
际法研究所和王铁崖先生的事业，担任北大国际法研究所顾问委员会

图3 1996年10月6日，王铁崖教授（右三）和夫人（左二）及学生铙戈平教授（右一）、李兆杰教授（左一）在北大勺园合影。北京大学图书馆供图

并列主席。由于他的杰出贡献，经王先生提名，北京大学授予麦克唐纳名誉教授的称号，这是第一个在中国获此殊荣的外国法学教授。

国际法研究所成立的头十年，经王先生邀请来北大访问或讲学的外国著名国际法学者，还包括加拿大的麦克温尼、柏恩迈特；美国的沙赫特、亨金、瓦茨、福克斯等；法国的巴斯蒂、杜布依、巴顿涅特；英国的克劳佛等；德国的伯恩哈特、沃尔弗劳姆等；瑞士的卡弗立茨、奥佛贝克；澳大利亚的钦金；韩国的朴椿浩；日本的高林秀雄、小田滋、简井若水、大沼保昭等；斯里兰卡的平托等。国际法院的两任院长辛格博士、鲁达先生及副院长拉赫斯先生也都被邀来北大发表演讲或出席座谈。这些享誉世界的国际法名家前后多达数十人，一时间，北大国际法研究所真可谓高朋满座、宾客如云。这些名家都以接受王铁崖先生的邀请、登上北大讲坛为荣，他们为北大、也为中国同行带来了国际法学的最新成果与最新动态；
而王先生也借此方式为北大国际法研究所培植土壤，输送营养，催
其成长。

王先生还以北大国际法研究所为基地，开创性举办了一系列国
际法研讨会、讲习班和报告会，借以在中国传播国际法。研究所成
立当年，他就组织、主持了全国范围的国际法教材讲习班，邀请国
内专家学者就国际法的各个分支领域作专题报告。邀请外交部条法
司官员来北大作国际法讲座的传统也是当时从王先生开始，一直延
续到现在。1987 年，在王先生主持下，研究所协助中国国际法学会
于北京大学举办了海牙国际法研究院海外（中国）讲习班，应邀前
来讲学并出席研究所座谈会的著名国际法学者，包括拉赫斯法官、
杜布依教授、巴顿涅特教授、诺斯院长等，在中国国际法学界刮起
了一股"讲习班旋风"。1988 年，王先生在国家教委支持下，发起
召开"太平洋地区与国际法"会议，安排北大国际法研究所主办了
第一次会议。1992 年，国际法学界的一次盛会——"国际法教学与
研究国际研讨会"在北京召开，来自十二个国家的二十多名外国学
者专家应邀出席。王先生以中国国际法学会会长身份主持会议，北
大国际法研究所的全体成员从头至尾参加了会议，其中有四名学者
在会上发言。1993 年经王先生牵头，北大国际法研究所与加拿大渥
太华大学人权研究中心签订了为期三年的合作研究项目。1996 年双
方联合在北京大学召开了"人权与发展国际研讨会"，着重就发展权
问题进行了有成效地讨论，出席的中加学者有四十余人。这是在中
国境内第一次公开举办的人权问题国际研讨会，引起国内外同行的
广泛关注，并为后来北大法律系的人权研究打下了基础。1997 年和

1998 年，北大国际法研究所先后同国际红十字会及瑞典沃伦伯格人权与人道法研究所合作，在中国开创性地举办了国际人道法研讨会。其时王先生已在海牙前南斯拉夫国际刑事法庭就任法官。他邀请并陪同该法庭的庭长、检察长和书记官长同台出席 1998 年的北京会议，大大推动了国际人道法在中国的传播。

为了广泛吸纳国际同行的支持与指导，王先生在 1994 年发起成立了北大国际法研究所国际顾问委员会，邀请了国际法研究院院士、国际法院法官等一批著名学者专家担任顾问，并亲自任该委员会的并列主席。

研究所的成立同时也推动了北大国际法学者走出国门，开展对外交流，借以吸收学术养分，发出中国声音。他们多次出席国外学术会议，游学于国外大学或学术机构。研究所赵理海教授频繁出访美国、欧洲开会讲学，邵津教授多次出席联合国系统国际组织会议，一批批研究生则被推荐送往欧美国家攻读学位或进修。王先生本人更是率先垂范、不遗余力，可说是那一时期中国国际法学界对外交往的第一人。他自 1983 年后出席了国际法研究院的历届年会，1990年被海牙国际法学院聘为客座教授，讲授"国际法与中国：历史与当代"一课，成为第一个被邀到海牙国际法学院讲学的中国教授。1995 年，王先生以八十二岁高龄出席在纽约联合国总部召开的纪念联合国成立五十周年大会。王先生不但以客座教授身份先后出访加拿大不列颠哥伦比亚大学、美国加州大学洛杉矶分校、纽约大学讲学，而且还到访美国哥伦比亚大学、哈佛大学、耶鲁大学、加拿大达尔豪斯大学、多伦多大学、瑞士苏黎世大学等法学院并发表演讲。这些访问增进了中外国际法学界的交流与了解，扩大了北大国

图4 1998年，王铁崖教授在荷兰任前南斯拉夫问题国际刑事法庭大法官时留影。北京大学图书馆供图

际法研究所的影响，王先生本人也受到国际法学界的高度评价与称誉。1983年，他当选为国际法研究院院士、世界艺术与科学院院士，1993年当选为国际常设仲裁法庭仲裁员，1997年当选为联合国前南斯拉夫问题国际刑事法庭法官。此外，他还受聘为加拿大国际法理事会咨询理事，美国亚洲协会国际理事会理事。

国际法研究所自成立之日起，就和北大法律系（法学院）融为一体，协同开展国际法教学研究。王铁崖先生重视教学，关爱学生，器重人才，他连同赵理海、魏敏、邵津、梁西、程鹏、程道德、刘培华等老一辈先生一起，组成了当时全国最耀眼的教学阵容。他们各有专长，优势互补，共同担负起法律系的国际法课程和研究生培养。王先生亲自主持了1979级国际法专业本科的教学，培养了一批国际法高才生，所谓"黄埔一期"的戏说即由此而来。王先生多年坚持为本科生授课，直到八十五岁高龄赴海牙前南斯拉夫问题国际刑事法庭就任前夕（1998 年），还曾为本科学生做过一次讲座。在王先生和魏敏教授主持下，北大国际法课程设置之丰富、讲授训练之严谨，对外交流之广泛，为全国同行所称羡。自 70 年代末至 2013 年，北大国际法共培养了三百余名本科生（1994 起全国停招），近三百名硕士生和近一百名博士生。这些毕业生以专业基础扎实、外语水平高、综合能力强而享誉社会，支撑着近三十年中国国际法学的大厦。他们不但早在外事部门与教学研究机构崭露头角，担负重要职责，相当一批也已成为国内外著名律师事务所和大公司的中坚力量。他们都以就读于北大、受训于国际法研究所为荣，早期的毕业生更以直接就教于王铁崖先生为荣。中国国际法学界的几代学人都尊王先生为导师，以继承光大王先生的事业为己任，行进在振兴中国国际法学的崎岖道路上。

这一时期，北大的国际法研究成果也是收获颇丰、精彩纷呈。王铁崖先生为主编、北大国际法同人为基本成员，先后编著的两本全国统编教材《国际法》，独领中国国际法教材风骚数十年，曾分别获得国家教委和司法部的特等奖和一等奖。在国际法基本理论、海洋法、人权法、国际组织法、人道主义法等领域，一批有全国性影响的论著从北大国际法涌现出来。赵理海教授 1984 年发表了专著《海洋法》，被称为中国最早的海洋法著作；1987 年他主编了《当代海洋法的理论与实践》一书；1990 年又出版了《国际法基本理论》，率先探讨国际法的重大理论问题。其他成员也笔耕不辍，各有贡献：魏敏教授主编了《海洋法》（1987 年），邵津教授发表了几篇有关海洋法的有影响力的论文，研究所成员集体翻译出版了《国际公法（和平法）和国际组织手册》（1989 年），程道德教授主编了《近代中国

图5 1999年，王铁崖教授（中）与老朋友著名法学家麦克唐纳（左）及学生清华大学法学院李兆杰教授在荷兰合影。北京大学图书馆供图

外交与国际法》（1992年），龚刃韧教授发表了《现代日本司法透视》（1991年）、《国家豁免问题的比较研究》（1994年），饶戈平教授主编了《国际组织法》（1996年），白桂梅、龚刃韧、李鸣等教授编著出版了《国际法上的人权》（1997年），如此等等，成果斐然。

这一时期的科研成果中，王铁崖先生本人的论著尤为丰厚、突出。除了主编《国际法》教科书外，他连续发表了数篇有全国性影响的学术论文，引领了当时的国际法研究方向。他和研究所成员一起，从1982年开始先后编辑出版了《国际法资料选编》《联合国基本文件集》《战争法文献集》《国际法资料续编》四部文献性工具书，开学界之先风。1983年，他积数十年之功，编辑出版了辞书《英法汉国际法词汇》。1988年出版了他的旧译、美国学者凯尔森的名著《国际法原理》。1994年主编出版了《中华法学大辞典·国际法卷》。

1995 年和他人合作翻译出版了《奥本海国际法》第 9 版，这是王铁崖先生在四十年内第三次翻译这本世界上最负盛名的国际法教科书。《奥本海国际法》第 7 版和第 8 版的中译本分别在 20 世纪 50 年代和 20 世纪 70 年代由王先生与陈体强教授等人完成。这三版教科书的翻译出版对国际法在中国的传播产生了深远影响。1999 年，耄耋之年的王先生写作出版了《国际法引论》，这是他规划中的三大卷国际法专著的第一部。人们透过这部著作，看到了一位国际法大家的学术造诣，看到一位世纪老人对国际法学的毕生追求。

设立国际法资料中心也是王铁崖先生孜孜以求的一个夙愿，不论在他担任所长期间还是退休以后，始终尽心尽力地从世界各处募集图书，希望有助于解决中国国际法学者研究资料缺乏的问题。他曾在研究所设立了一个资料室，经营了十多年，但终究觉得藏书太少、空间太小，发挥不了应有的作用。1997 年后，他从陈琨、李世光处募集到两批珍贵的私人藏书，设想在此基础上建立起向社会开放的国际法资料中心。该中心原本设在北大国际法研究所内，后因缺乏足够的藏书、阅览空间，只得把整箱整箱的图书资料堆放地上，实不忍睹。王先生曾经多次向校方申请扩大用房，但终究未能如愿解决，乃提议同清华大学法学院合作，建立北大清华联合国际法资料中心，由清华提供用房，两校共同管理、共同使用。可惜后来出于种种原因未能办成，以致成为王先生晚年的一大憾事。

北大国际法研究所是王铁崖先生晚年事业的一大寄托，倾注了自己满腔的心血和智慧。他如同呵护一个心爱的孩子，对研究所的整体发展以至每一项活动都关怀备至、亲力亲为。王先生自 1989 年正式退休、辞去国际法研究所所长职务，但丝毫没有因此松懈自己对研究所的责任，而是继续投入大量的精力和时间，扶植、指导研究所的发展，直至他生命的最后一刻。为了扩大研究所在国内外的影响，他提议聘请联合国前副秘书长毕季龙、联合国高级法律官员李世光先后担任第二任、第三任所长职务。协助王先生工作多年的饶戈平于 90 年代后期出任第四任所长，第五任所长李鸣则出自王先生倾心培养的 1979 级国际法班，人们欣喜地看到王先生的后继者接起了薪火相传的火炬。

国际法之于王先生犹如他的第二生命，终身厮守，终身眷顾。作为北大国际法研究所的创始人，王先生始终对它充满了深情厚爱。即使在他远离祖国的岁月里，即使在他久卧病榻的日子里，也时时记挂着研究所的建设和发展。不论什么时候，只要一同他谈起研究所的工作，王先生就目光炯炯，神采飞扬，俨然不像一位老人，更不像一个病人。在他人生旅程最后的二十个月里，终日躺在医院的重症监护室，不得不依靠呼吸机维持生命，无法讲话。即便在这段漫长痛苦的时间里，老人家也念念不忘国际法，念念不忘国际法研究所。他多次艰难地拿起笔，在纸上一笔一画写出自己的嘱托和期望，殷殷寄望于他的北大同人能够珍惜这块阵地，坚持办好北大的国际法学科，推动国际法在中国的传播，为中国在国际学术界争得一席之地。时至今日，老人家那些歪歪斜斜的笔画，仿佛依然力透纸背，字字千钧，穿越时间空间，长久地回荡在我们身边。

作者为北京大学法学院教授

从昆明的"魁阁"到北大社会学
人类学研究所

1938 年，费孝通先生在伦敦政治经济学院得到博士学位后，很快就回到处于危急时刻、正在全面抗战的祖国。当时也有不少留学在外的中国学生，他们考虑到当时国内战乱的困难局面，作出了留在外国的选择，抗战胜利后才回国。当时费先生也能够留在英国，但他却在祖国的危难关头选择了马上回国，与全国人民一起投身于抗日救国的事业。由于当时战争形势的变化，他只能途经越南而辗转来到抗战后方昆明。费先生是一个爱国者，在祖国处于最危难的时刻，他考虑的不是个人安危和自己的工作条件，而是如何能够为国家和民族做一些力所能及的事情。作为一个学者，来到当时已经转移到后方的大学里教书育人，可以说这就是他的战斗岗位。

当时西南联大和其他后方大学里教职工艰苦的生活和工作条件，在不少人的回忆录里已经讲得很多了，菲薄的薪金使教授们的生活

图 1　20 世纪 40 年代的魁阁。本文作者供图

十分拮据，图书馆和实验室的条件很差，师生们还要经常躲避日军
飞机的轰炸。但也就是在这样恶劣的条件下，西南联大和其他的后
方大学依旧培养出了一大批努力向上、奋发有为的青年。当时国家
民族危亡的严峻形势激发了年轻学子的爱国奋发的精神，正是这样
的精神使他们克服了恶劣的物质条件，并在各自的领域中做出令人
钦佩的贡献。

　　费先生到昆明后，受聘于云南大学，并创办了"云南大学—燕
京大学社会学实地调查工作站"，这是一个对中国社会开展实地调查
工作并培养新一代中国社会学者的教学研究基地。为了躲避日军的
轰炸，这个工作站后来迁至昆明附近呈贡区的一座祭祀文曲星（魁

星）的庙里，这就是"魁阁"这一名称的来历。关于"魁阁"及其创办过程和工作情况，已经发表了不少介绍文章。我想在这里讲的，是费先生创建这一研究机构的目的、学术宗旨和我的个人体会，而且我认为他后来创办北京大学社会学人类学研究所时，他所希望的就是在这一新的研究机构中把当年"魁阁"的精神延续下去。

一

费先生在史禄国教授和马林诺斯基教授指导下，受到了严格规范的学术训练。博士论文 *Peasant Life in China*（《江村经济》）的写作与正式出版，是他学术生涯中的一个里程碑。马林诺斯基教授在该书英文版的"序言"，满怀热情地写道："这是一个土生土长的人在本乡人民中间进行工作的结果。……一个民族研究自己民族的人类学当然是最艰巨的，同时，这也是一个实地调查者的最珍贵的成就。……中国社会学界已独立自发地组织起一场对文化变迁和应用人类学的真正问题进行学术上的攻关。这一学术进攻表达了我梦寐以求的愿望。"（费孝通：《江村经济》，江苏人民出版社，1986 年）老师的热情无疑给了二十八岁的费先生极大的鼓舞，我想这应该是他回国并迅速投入对云南乡村开展实地调查的主要动力之一。

费先生出国前在燕京大学读书时的老师是吴文藻教授，1938 年吴文藻教授在云南大学建立了社会学系，费先生回国后去云南大学任教，可能也是受吴文藻教授的影响。来到云大后，费先生即提出要在云南大学社会学系附设一个研究工作站，这一提议得到了吴先生的同意。要想长期持续地开展中国农村的实地调查，没有一个相

图2 笑口常开的费孝通。
邹士方摄于 20 世纪 80 年代

对固定的研究机构，不培养出一支专业化的学术队伍，肯定是不行的。我想这就是费先生创办这一工作站的目的。他当时年仅二十八岁，刚刚从英国回国，满脑子都是从马林诺斯基"席明纳"（seminar）那里听来的新研究思路和各国的调查素材，一定很想把这些调查研究思路在中国付诸实施，并与其他国家的研究素材和研究成果进行比较。

费先生后来回忆说："魁阁……是在吴（文藻）老师尽力支持下用来实行他多年的主张，为社会学'开风气，育人才'的实验室。……吸引了一批青年人和我一同在十分艰苦的条件下，进行内地农村的社会学研究工作。尽管 1940 年底吴老师离开昆明去了重庆，这个小小的魁阁还坚持到抗战胜利，并取得一定的科学成果。"（费孝通：《师承补课治学》，北京：三联书店，2002 年）

当年参加"魁阁"小组的除主持人费孝通先生外，还有自愿报名参加的张之毅、史国衡、田汝康、谷苞、张宗颖、胡庆钧，以及许烺光、李有义等人，这是一支有一定规模的高素质的研究队伍。费先生也把马林诺斯基那里的学术风气和研究方法引进了这个小组，"魁阁的学风是从伦敦政治经济学院人类学系传过来的。采取理论与实际密切结合的原则。每个研究人员都有自己的专题，到选定的社区里去进行实地调查，然后在'席明纳'里进行集体讨论，个人负责编写论文。这种做研究工作的办法确能发挥个人的创造性和得到集体讨论的启发"（费孝通、张之毅：《云南三村》，天津人民出版社，1990年）。这是一个年轻的学术团队，它的领头人不到三十岁；这是一个团结互助的群体，他们在"席明纳"里争辩学术观点，在日常研究工作中互相支持与帮助。费先生谈到他曾亲自刻蜡版印刷，并积极协助安排小组成员们的论文出版。我们都读过钱锺书先生的小说《围城》，书中描写了当时大学教师们之间的复杂关系。所以在团结互助方面，"魁阁"也为当时和现代的年轻学者树立了一个榜样。

在费先生的亲自指导下，当时的"魁阁"小组成员们完成了一系列社会调查，在丰富的第一手资料的基础上写了多篇调查报告。

图3　80年代初，费孝通先生访问昆明期间和云南大学社会学系教师合影。本文作者供图

费先生亲自参与调查并撰写的研究报告有三篇：《禄村农田》《易村手工业》和《玉村农业和商业》。其中前两篇在 1943 年由重庆商务印书馆出版，第三篇则在费孝通教授访美期间由他编入 *Earthbound China*（《云南三村》）一书，1945 年由芝加哥大学出版社出版。这三篇报告修订后的中文版由天津人民出版社在 1990 年出版。"魁阁"小组的其他成员还完成了许多其他专题调查报告，后来陆续在国内外出版，引起学界的普遍关注与好评。应当说，"魁阁"虽然前后只有短短的几年，成果却是十分丰硕的。

为什么费先生当年回国后不久，就把自己的全部精力投入创办"魁阁"及其调查工作中？他自己在《云南三村》的序中作出了回答："现在很可能有人会不太明白，为什么一个所谓'学成归乡的留学生'会一头就钻入农村里去做当时社会上没有人会叫好的社会调查。……我初次去禄村的日子离我从伦敦到达昆明时只相隔两个星期。为什么这样迫不及待？……我当时觉得中国在抗战胜利之后还有一个更严重的问题要解决，那就是我们将建设成怎样的一个国家。在抗日的战场上，我能出的力不多。但是为了解决那个更严重的问题，我有责任，用我所学到的知识，多做一些准备工作。那就是科学地认识中国社会。"（费孝通、张之毅：《云南三村》，天津人民出版社，1990 年）从这一段话中，我们可以感受到老一代学者对祖国命运的关切和肩负的历史责任感。他们头脑里想的是国家和民族的命运，而每天动手做的却是最基础的研究工作，这些基层社区的调查研究工作只有与国家民族的命运联系在一起，才能够显现出其价值和意义。

总结"魁阁"的特点，简略地说，是当时一批优秀的青年学者，他们结合了自己对国家命运和对学科发展两个方面的关切，采用实地调查的研究方法和"席明纳"的研讨方式，对当时的中国基层社会开展系统与实证主义的科学研究，从而达到认识中国社会的目的，并以此为建设中国社会在理论上做准备。

二

1945 年日本投降，费先生回到昆明，"魁阁"的研究工作遂告一段落。不久费先生回到北京，任教于清华大学。1952 年院系调整后，社会学这个学科被取消，他又转到中央民族学院。后来费先生和其他老一代学者们一起，历经"反右"和"文革"等多次政治运动，直到"四人帮"被粉碎之后，这些老一代的学者们才重新站到学术活动的第一线，参与恢复与重建学科的工作。

费先生于 1979 年受中央的委托，开始了在中国大陆重建社会学学科的工作。1980 年他首先创建了中国社会科学院的社会学研究所，联系筹办了几届社会学讲习班，并亲自组织一些社会学的专题调查研究工作。但是当时的政治气氛反复多变，在"清理精神污染"运动后不久的 1985 年，费先生和他的学术助手潘乃谷老师离开了中国社会科学院的社会学所。在中央统战部、国家教委和北京大学丁石孙校长的支持下，费孝通教授在北京大学创建了社会学研究所，并出任第一任所长。

1985 年夏天，也就是北大的社会学研究所刚刚成立之后，我为撰写博士论文回国从事田野调查，遇到潘乃谷先生。潘老师在 70 年代曾是我在内蒙古农牧学院当"工农兵学员"时期的老师，她向我详细介绍了这个新成立的研究所的情况，并表示希望我毕业后来这个研究所工作。当时我和费先生有过几次交谈。我最初考虑的调查地点是我在"文革"期间曾插队多年的锡林郭勒盟牧区，但费先生明确地建议我去赤峰地区做农村牧区的社会调查，去深入了解当地农牧民的生活以及民族交往的情况。他那时刚刚去过赤峰，发表了《赤峰篇》，他认为赤峰地区从自然生态、经济特点和民族构成上来看，都可看作是内蒙古的一个缩影，是一个理想的调查地点。后来我在布朗大学的导师戈德斯坦（Sidney Goldstein）教授正式写信，邀请费先生参加我的论文指导小组并具体指导我在国内的田野调查工作。1986年底，布朗大学社会学系正式邀请费先生赴美参加我的论文答辩，我一直感到遗憾的是费先生因其他工作而导致没有能够出席，但他后来阅读了我的论文并在答辩评阅书上补签了名。

1987年2月4日，我顺利通过论文答辩，同年3月即回国到北京大学社会学所报到。从此便在费先生的指导下开展教学与研究工作。

在这些年里，费先生曾多次向潘老师、我和其他同事谈到"魁阁"精神，他始终希望能够以"魁阁"精神来建设北京大学的社会学人类学研究所。我记忆的谈话中，费先生强调的大致有几个方面。

第一，年轻学者要爱国，要爱自己的国家，关心祖国的命运。中国在现代化进程中还是落后于西方的，许多民众还是贫穷的，社会学家研究的问题应当是与国家前途、国家发展中的重大问题密切相关的。但是心里想的是大问题，做却只能从小题目做起，要从小事情中看出大问题，通过对小社区的剖析来理解中国社会的基础结构。

第二，社会学家做学问一定要结合社会中的实际问题，不要把自己关在"象牙之塔"里，做花里胡哨、玩弄名词而实际上没多大用处的死学问，研究的结果应当是对国家、对社会有用的，不要"为学问

图4 1991年，费孝通教授在河北广宗县大东村了解打竹帘的生产情况。北京大学图书馆供图

而做学问"。为了紧密联系实际，对改革开放新形势下中国社会变迁进行深入系统地调查研究，他在1988年创建了中国社会与发展研究中心。他特别关心农民的状况和农村的发展，表示他的农村研究的目的之一是"志在富民"。他也特别关心少数民族的发展，他的"中华民族多元一体格局"就是通过考古和历史资料来分析中华民族关系的基本结构，探讨中华民族关系的发展趋势。

第三，社会学是一门实证的学科，理论必须联系社会实际，不能只读书，更不能只读"洋书"，一定要自己到基层社区去调查研究，"从实求知"，从事实中找出规律，总结出真正符合社会实际的真的知识，只有这样才能"科学地认识中国社会"。后来费先生年纪大了，社会地位高了，从事深入的社会调查有困难了，但他还是坚持到村子里和农户家中去访问，他认为只要面对面听到农民讲话，总会听到一些鲜活的东西，那是在办公室里听汇报不可能听到和感觉到的东西。

第四，社会学是来自西方国家的一门学问，西方社会学的理论、研究方法、研究成果是否适用于中国社会，必须经过社会实践的检验，所以需要对中国的基层社会开展调查，在研究中要结合中国社会的传统，理解中国社会的传统结构和运行规则，理解中国人传统的价值观念和行为规范，在这样的基础上逐步创建出符合中国国情的社会学理论、核心概念和观点。源自西方国家的社会学理论如果没有经过"本土化"或"中国化"的过程，不扎根于中国的土地中，就无法解释中国社会的变迁。"魁阁"小组的调查研究工作，就是在这样一个方向上去努力的。"魁阁成为实践吴文藻先生实现'社会学中国化'的主张和'开风气、育人才'的实验室"。（费孝通：《从实求知录》，北京大学出版社，1998 年）。

第五，如何实现"社会学中国化"，如何创建符合中国国情的社会学，需要在学科视野上进行拓展。从吴文藻先生邀请派克教授和布朗教授来燕京大学社会学系讲学，到安排费先生先去清华师从史禄国，又去英国师从马林诺斯基这两位人类学大师，就可以看出吴先生选择的路子是社会学与人类学的互相结合，即通过人类学田野调查的方法，了解认识中国社会的实际情况，再把这些知识与西方社会学的成果相比较，吸收西方社会学中有用的部分。所以，在费先生的心目中，中国的社会学与人类学实际上是融合在一起，是不可分的。1992 年，费先生提议把北京大学的"社会学研究所"正

图 5 1993 年，费孝通教授在日本与青年学者进行学术交流。北京大学图书馆供图

式更名为"社会学人类学研究所"，在费先生的提倡和组织下，自1995 年开始我们举办了 6 期"社会学－人类学高级研讨班"，探讨人类学的研究方法以及学科间的交融和互相学习。"魁阁"虽然是社会学研究工作站，但是采用的研究方法是人类学的田野调查方法，费先生认为这是对 20 世纪 30 年代燕京大学社会学系由吴文藻教授开创的学术风气的延续，他强调这个学术传统应当由今天的北京大学继承下来。

第六，作为中国学者，需要了解中国历史和中国文化传统，他常说中国的历史能一直延续几千年，是有其道理的，真正的学术大师都是融会贯通了国学与西学两个方面，才做出成绩。他曾送给我一套钱穆先生的《国史大纲》，说钱穆先生有自己的创见，值得好好读。他多次表示希望我们能够吸收中国文化传统中的精华，在"文化自觉"的基础上进行跨文化对话，认为只有这样才能更深刻地理解西方的学说，在比较与融汇中推动学术发展。

第七，他希望能够经常开展"席明纳"式的讨论会，来推进队伍成员们之间的学术交流与互动，互相启发和促进。我们研究所的成员们经常去费先生的家里，汇报调查中的收获和研究成果，费先生总是提出问题来，引导我们进行讨论。1998 年他提出要对社会学的发展历程进行反思和"补课"，不仅自己写出了《补课札记》，还对大家提出了具体的补课要求。这些讨论活动可以说是费先生在新时代开设的"席明纳"。后来社会学人类学研究所同人组织的研讨会

图6 1996 年，社会学人类学所同人的论文集《社区研究与社会发展》出版，费先生在翻看样书，两边是潘乃谷老师和马戎。本文作者供图

和读书会，也正是在这样的精神指导下展开的。

第八，他十分强调队伍成员之间的团结，要我们多看别人的长处，多看自己的短处，他说当年"魁阁"小组之所以能够做出一些事来，靠的就是大家的团结。如果彼此看不起，彼此拆台，就什么事情也干不成，所以要想做成事情，一定要有"团队精神"，要学会相互欣赏、"美人之美"、彼此合作，这样才能在共同努力下做成大事。

在这些年的日常交往中，费先生经常向我们讲述当年"魁阁"的研究工作，希望今天北京大学的社会学人类学研究所能够在各方面继承当年"魁阁"的精神与学风。虽然时代不同了，我们今天面临的中国社会已经完全不同于 20 世纪三四十年代的中国社会，但是"魁阁"的基本精神与学风，仍然应当是我们今天学习的楷模。费先生对我们的期望很高，但十分惭愧的是，这些年里我们在这些方面有时做得并不十分自觉，没有达到先生的期望，经常感到愧对先生多年的教诲。

三

费先生的心里始终有着一个"魁阁"情结，它代表着他年轻时的人生理想、学术追求和最美好的一段研究时光。每当他谈起"魁阁"，他的眼神炯炯发亮，整个人似乎也显得年轻了许多，连他周围的人也都受到感染，情不自禁地与他呼应，同时也在思考"魁阁"精神中所蕴含的那种鼓舞人们去开创新路、团结奋斗的力量之所在。

前几年费先生组织他的几个学生对当年"魁阁"小组成员的调查地点与专题进行再调查，就是想看看经过半个世纪之后当地的社

图7 1998年，社会学人类学所的几位老师在费孝通先生家中，从左到右依次是周星、潘乃谷、费孝通、马戎、刘世定。本文作者供图

会发生了哪些变化。可见费先生不仅一直怀念"魁阁"小组当年的研究生活，也关怀着"魁阁"小组成员当年曾经调查过的乡村社区。"魁阁"是他与我们谈话中的一个永恒话题。

费先生谈到"魁阁"时充满了感情，"这一段时间的生活，在我的一生里是值得留恋的。时隔愈久，愈觉得可贵的是当时和几位年轻朋友一起工作时不计困苦、追求理想的那一片真情。以客观形势来说，那正是强敌压境、家乡沦陷之时，内地知识分子的生活条件已经够严酷的了，但是谁也没有叫过苦、叫过穷，总觉得自己是在做着有意义的事。吃得了苦，耐得了穷，才值得骄傲和自负。我们对自己的国家有信心，对自己的事业有抱负。那种一往情深，何

230

等可爱。这段生活在我心中一直是鲜红的，不会忘记的"（费孝通、张之毅：《云南三村》，天津人民出版社，1990 年）。

北京大学社会学人类学研究所是费先生亲手创建的，始终在费先生治学精神的激励和指引下，沿着他所开创的学术道路不断前行。在过去的二十年里，我们曾有许多机会与先生促膝而坐，谈古论今，共同讨论中国学术发展和学科建设，这些交谈使我们获益匪浅，开阔了视野，这些宝贵的时刻和记忆也将永远留存在我们的心里。

作者为北京大学博雅讲席教授

追忆导师芮沐先生的二三事

吴志攀

一、老先生是宝

1982年我考上研究生，导师是芮沐教授，我们都叫他"芮先生"。回家我跟父亲说："我跟芮先生读研究生了。" 父亲看着我，严肃地说："他可是我在西南联大时的教授，你跟芮先生读书，你可得好好听他的话。芮先生是老先生，你差着一辈呢，你要老老实实地听话，芮先生说什么，是什么。你不要以为是什么研究生了，你还是个孩子，懂得什么。" 我每次回家父亲都要"教训"我一通，总是担心我骄傲。现在我也退休了，才理解当年父亲教训儿子的苦心。

芮先生带我的时候，已经七十四岁了。多亏那时学校的教授退休政策灵活，要是放到现在，七十四岁这个年龄早已退休十年以上了。而且现在的政策是退休前三年就不能招研究生了。 如果过去就执行现在这样的政策的话，我后来的人生轨迹很有可能是完全不同的方向。

我跟先生读了三年硕士之后，1985年我又考上他的博士研究生，当时芮先生七十七岁。我博士毕业答辩时，先生已经是八十岁高龄了。此后芮先生又招了十一届博士研究生。最后一届博士答辩时，芮先生已经是九十五岁高龄的老人了。但他头脑清楚，看问题很准，一句话就说到要害。芮先生带的最后一届

图1 芮沐教授。北京大学档案馆供图

博士生，现在已经是教授和教学科研骨干。如果没有芮先生当年在自己高龄，条件又不如现在这样好的情况下，默默地培养一届又一届学生，就不会有今天的我们，以及我们的学生。

芮先生从教和带研究生的经历，给我一个很重要的启示，这就是"老先生是宝"。如果80年代的教授退休政策与今天一样的话，损失最大的不是教授个人，而是教育和科研事业，是国家的发展大业。今天我们的人事工作，如果不注意总结过去的经验，那么严格执行政策的结果，并非进步，而是退步。

二、"五通"

芮先生能工作到如此高龄，身体好是基础。他在九十五岁以后还坐飞机出差开会，全国到处跑。过去民间说的"七十不留宿，八十不留饭"，在他那里都成为耳旁风。在他一百岁时，法学院为

图2 1986年9月，芮沐教授（右）在伦敦大学讲学。北京大学图书馆供图

他举办祝寿大会。许多部门都来人参加，大部分都是他在不同时期教过的学生。西南联大的老学生来参加大会的也有，都是八十以上的老人了。在那次大会上，芮先生和师母坐在主席台上两个多小时，毫无倦意。真是不但高寿，而且是高生活质量。

芮先生是一百零三岁走的，走得很安详，没有痛苦。这既是修来的福，也是他独特的生活态度所致。芮先生身体好，是有原因的。这原因就是他跟我们说的人要有"五通"：一是血脉要通；二是呼吸要通；三是脾胃要通；四是大小便要通；五是思想要通。前四通都是生理方面的，第五通是精神方面的。

所谓"思想要通"，主要是没有精神负担。在学校工作的老师们往往对利看得不太重，但对名通常放不下。如评职称，晋升副教授和教授，后来还有一级教授。理工农医学科的老师们当了教授，还要当院士。这些都是名的方面。芮先生资格比较老，早在 20 世纪 60 年代初，就已经是教授了。但在 1978 年国内组织编写《中国大百科全书》，到 1993 年 74 卷出齐的时候，在《法学》"法学家"词条中却没有芮先生的名字。那时在法学领域，谁进了百科全书词条，就相当于入了中国版的 Who's Who（《名人录》）了。我和同门的师兄弟们看第一版《法学》时，看到当时国内与芮先生同期的几位法学界的老教授几乎都被收入了词条。这让我们非常不解，于是我们准备写信给中国大百科编辑部，问问这是怎么回事。

芮先生知道了，当即制止了我们这帮学生的举动，并说："这有什么？你们不能写信去问人家。"这件事就这么过去了，尽管我们

图 3 20 世纪 90 年代，芮沐教授在家中。北京大学图书馆供图

心中不好受，深感《法学》编写组的不公平。又过了许多年，词条上的老教授陆续离去，芮先生依然在带学生。词条上离去的老教授如果是在北京的，芮先生都要去八宝山参加告别仪式。有时在冬天举行告别仪式，我们劝芮先生不要去了，天气太冷，但他依然要去。他在寒风中站着，等着进入大厅，去跟他的老朋友们告别。我看到这种情景，心里很感动。我想这就是"思想通"的表现吧？他不在乎名利，以平和的心态，接受别人对自己的评价，包括不太公平的评价。 正是因为如此心胸宽广，不计较名利得失，他不会为此睡不着觉，吃不下饭，更不会为此影响工作。还是跟往常一样默默地带学生，指导学生论文，参加学生答辩。正是因为如此，他在思想上是通畅的，精神是放松的，所以他就会健康长寿。

图4 20世纪90年代，芮沐先生给学生上课。本文作者供图

三、老人依然充满好奇心

芮先生虽然年高，但是他对新生事物充满了好奇心。在手机普及之后，他很快就学会了用手机。他白天一个人出去遛弯，快到中午吃饭的时候，家人就打手机叫他回来。冬天下雪，他依然拄着手杖去踏雪遛弯，毫不在意地上滑，或可能跌倒。有一年冬天，我陪他去东北开会。住在宾馆里，晚上他放热水要淋浴，但是水不热。我跟他说：这么凉的水，洗不好感冒了，不洗了吧？他说没有关系，你回去休息吧。他依然冲凉。那天晚上，我才体会到"冲凉"还有另一种含义。

芮先生听黑胶唱片，喝红酒，还喜欢吃巧克力和花生米。这些零食是高糖和高油脂的，通常医生都不建议老人吃的。但是也许是因人而异吧，芮先生吃巧克力和花生米，喝少量红酒反而使他身体更健康了。或许不一定是物质营养的作用，而是吃这些东西能给人带来快乐。人的心情愉快了，就能多分泌多巴胺，人的免疫力就会增强，就不容易受疾病的侵袭了。

芮先生能读多门外国语，进入老年之后，他依然喜欢翻看各种外文资料和词典。法文和德文，以及俄文他都能读。我们只学英文，遇到英文之外的外国语专业名词时，我们就去请教先生。他通常会写在纸上，告诉我们这个词的含义。那时，法律系（1998 年改为法学院）的老教授中，有好几位都能读多国外语，如王铁崖、李志敏、魏敏、沈钟灵、梁西教授等。这些老教授们即便是在对外开放前的年代里，也能通过多国外语，从不同渠道（包括外国专业期刊）中，

图 5 1996 年 1 月，芮沐先生（左）参加欧美反倾销法律问题国际研
讨会。芮沐家属供图

获得外界同行们的论文和观点，给学生提供更开放的视野和宽广的
胸怀。

　　芮先生在晚年时，还经常一个人走到海淀中关村街上逛商店，
看看商店里都有什么新东西，特别是电器柜台展示的新型多波段半
导体录音机、随身听、彩色电视机等。后来又有热敏电子打字机、
BB 机（寻呼机）和手机等。先生虽然不买，但喜欢看。那时中关村
老虎洞胡同还在，军机处胡同也在，从北大小南门出去，正对着就
是新长征食堂，两边就是这些胡同。穿过胡同，就走到中关村商业
街了。这条不太大的商业街，书店、眼镜店、文具店、电器商店比
较多，还有一家照相馆，那时拍毕业照都来这里排队。我的本科毕
业照，就是在家照相馆拍的。因为紧挨着北大校园，这些商店的商
品都很适合学生的需要。学生下课后，要买东西了，就来这里转。
芮先生可能是那时来这条街上转的最年长的"顾客"了吧？

图6 芮沐先生与夫人周佩仪晚年合影。芮沐家属供图

芮先生低调，不多说话，也不多发表什么"观点"。但是中国的经济法和国际经济法这两个新学科都是他创立的。后来，我国在2001年加入世贸的时候，他创立的国际经济法学科提前了十六年为这一天做法律理论准备和法律专门人才准备。在芮先生培养的学生中，有我国商务部条法司领导，有参加世贸谈判的一线中国官员，还有世贸组织裁判机构的大法官。

芮先生虽然没有进入《中国大百科全书》"法学卷"的法学家词条，但是他在教学领域的实际工作，以及他培养出来的学生们的实际工作，让中国法学的新学科走向了世界舞台。

2022 年 3 月 20 日

作者为北京大学法学院教授

看得见的历史与文化

——为赵老"暖寿"而作

金安平

赵宝煦先生于我，就是看得见的历史与文化。

中国古人称八十八岁为米寿。赵老的米寿我没参加，但看到了赵老生日前后的一些文章和座谈会记录。我一直想找机会好好和赵老聊聊，听他讲讲西南联大，讲讲中国政治学的早期。说实话，看了《中国现代政治学的展开：清华大学政治学系的早期发展》（三联书店 2005 年版）那本书后，让我很震惊，也一直有点不服气和不甘心：中国现代政治学的展开与传承没有北京大学政治学系，那是不完整和残缺的！而从西南联大到北京大学，中国政治学的教学与学术的发展脉络，赵宝煦先生最有发言权。我曾拟定了一个梳理北京大学政治学的教学研究与中国政治学发展走向的写作计划，其中很重要的部分是希望借助和依赖赵老完成的。但在几次申请科研项目都没中标后，就变成纯粹的个人行为了。人在没有外在的约束和压

图1　国立西南联合大学政治学系1948级合影。1946年5月摄于昆明。第一排中间坐者为钱端升，第三排右一为赵宝煦。北京大学图书馆供图

力下，就变得疏懒和随意了。一转眼，赵先生都要过"上寿"（古人称九十大寿为"上寿"）了，才猛然想起我还没好好采访赵老呢！但面对一个九十高龄的老人，还要不要打扰和劳累他老人家呢？实在是不忍和纠结。但我至少可以先用一点文字作为赵老九十大寿的"暖寿"（古人把在生日前的祝寿活动称为"暖寿"）。

我挺喜欢"收集"活的历史和"参与"动的历史，亲身接触那些参与历史且活得有些传说的人物并记下感觉。我相信那些负载着、传达着历史文化信息的人身上自然会有强烈的历史文化气息。余生也晚，1985年才得以进北京大学读研究生，但还是幸运地赶上了很有文化气象的80年代的北大，见过一些具有文化传统象征的人物。在北大我听过梁漱溟个性的演讲，见过宗白华先生颤颤巍巍的身影，

去过邓广铭先生、季羡林先生家，并有过简短的交流和请教，但他们离我还是太远了。而赵先生，作为中国现代政治学的重要传人和见证人，因为学科的关系，离我比较近，特别是政府管理学院成立后，赵老成为我们学院的教授和导师，在前辈宿儒之外，我们还有了同事关系。当然，光是同事也许还不够，主要是赵老的平易近人和随和，让我们心无忌惮。对我而言，赵老那一口京腔，一下子拉近了心理距离，要知道，在北大这个全国精英荟萃之地碰到操纯正京腔的老师还是很难得的，我一下子觉得这老爷子好脾气好接触好沟通，还有，好亲切！这可能与别人在他乡遇到乡音的感觉是一样

图2 政治系教师在讨论民族解放运动，右三为赵宝煦。北京大学档案馆供图

图 3 1982 年，赵宝煦在美国佛罗里达大学讲学。北京大学图书馆供图

的！后来知道赵先生果然从小浸染京师，小学、中学都是进的北京有名的学堂，他老人家的中学国文老师还是我大学老师的父亲呢！

我经常能在学院楼下看到鹤发童颜、腰板笔直、精神矍铄的赵老骑着自行车的身影。

1994 年，我在三十多岁时突发奇想读博士，这样我就正经有了当一回赵先生的学生的机会。不过，这机会也许过于宝贵了，赵先生只给我们上了一次课就被请到美国访问讲学了，以后的教学和交流都是通信完成的。不过，就这一次课却有了一个重要的收获。赵先生是美国学者邹谠先生的好友，那年《二十世纪中国政治：从宏观历史与微观行动的角度看》出版，赵先生向我们推荐了这本书，并特地从香港给我们带回了若干本香港牛津大学出版社 1994 年出版的中文版！这已经不光是先睹为快了，这让我们在 1994 年就最早地拥有和阅读了到今天仍被认为是研究中国政治最重要的著作，知道了"全能主义政治"的概念和分析框架，这为我们后来的研究带来了很大的便利和先机！当今天我看到有的老师或者学生在阅读或者引用1998年版或者2004年版的《二十世纪中国政治：从宏观历史与微观行动的角度看》时，我就会想起赵先生帮我们带回的那本1994年一版一次的深宝石蓝色的书，窃喜并且万分感谢赵先生！

2000年，我受学院和政治发展与政府管理研究所的委托，负责编纂《中国政治学年鉴》，得以有更多与赵先生接触的机会。赵先生是中国现代政治学的泰斗，见证了中国现代政治学的变迁，经历了许多人和事，我们只有经常向赵先生请教，才能把纷繁复杂的发展脉络搞清楚。偏偏赵先生又是一个极细致的人，不仅有问必答，还

图4　1988年，赵宝煦（左二）与中国第一批政治学博士合影。左一为王浦劬，右一为俞可平。北京大学图书馆供图

会告诉我们前因后果，连带钩沉爬梳，让我们身临其境、茅塞顿开；有的细节问题，我们编委会都放弃或者定稿了，赵先生还会不厌其烦地对一些人和事做出更正建议，甚至亲自去考证核实。一听到赵先生那句"小金同志啊"，我就马上会想是不是我们又把什么资料搞错了。现在深深体会到，老人的那种琐碎细致，其实是一辈子生活体验和知识积累产生的一种责任感，是将人生宝贵的经验财富努力传给年轻一代的期待和关爱。今天我才更明白为什么老话说"家有一老是个宝""不听老人言吃亏在眼前"！有了赵先生的支持，我们的年鉴编纂才顺利完成。

《年鉴》完成后不久，是赵先生的生日庆祝活动，我收到了赵先生用小楷亲笔签写的邀请信，更感动的是活动结束后还收到了赵先生的感谢信。不知道这样的手书赵先生要写多少！

赵先生于我，就是看得见的历史与文化。那是中国现代史上一批知识分子的共同命运和道路。我曾在赵先生的书画展览上拍下了许多赵先生记录干校劳动场景的速写和水彩。比起那些山水国画和孔子画像，我更喜欢这些小画，因为我一直想探究那个时代的知识分子是怎样熬过下放劳动住牛棚的日子，也想知道经过那么艰苦的日子，赵先生的身体为什么如此强健？那些小画告诉我内心拥有美的理想，身怀记录美的技艺，能让一个人在艰难的日子里更乐观、积极，充满情趣和希望。

有一年在哈尔滨参加中国政治学年会，会议结束，我自告奋勇护送赵先生回北京。从机场一路和赵先生聊了许多杂事，但是我的访谈计划却几次欲言又止，因为这样的回忆和访谈对老人来说可能太费时费力了。到了蓝旗营，我把赵先生送到他的家门口，没进屋，

图5 1996年，赵宝煦夫妇晚年留影。北京大学图书馆供图

在门即将关上的那一刻，我看到赵先生略显疲惫的样子，最终还是把上门访谈的要求咽回去了。

也许我错了。一个经历过大历史的文化老人，其实可能是愿意说出来的。我祝福赵先生健康长寿，我要去听您说中国政治学早期那点事。

作者为北京大学政府管理学院教授

初识导师

——侯仁之师期颐寿日感怀

唐晓峰

记得第一次见到侯仁之先生是在北京房山琉璃河考古工地。那是 1972 年的 11 月，我是北京大学历史学系考古专业的学生（工农兵学员），上了半年的课，需要实习了，实习地点就是琉璃河。据调查，那里有商周时代的遗存，考古发掘就是要搞清楚，那里到底是什么遗址。

后来知道，那里是西周初年燕国首都的遗址，十分重要，但我们当时还没有弄清楚。我们这些学生初次做考古发掘，除了挖土，什么都陌生。我们那次实习运气不好，与重要的周代墓葬擦身而过，虽然挖出几筐陶片，但什么重要结论也没得到，在地层上今天画线，明天推翻，最终也没有搞清楚那是什么遗址。因为天天挖土，大家仿佛又回到在农村干活的感觉。"考古考古，挖墓掘土，考古考古，连蒙带唬。"同学中不知谁编出这句话，说出大家心声。当然，遭

图 1 侯仁之工作照。邹士方摄于 1980 年 9 月

到老师的批评。

有一天上午，我们正在"挖土"，只见一位老先生与一位年轻些的女老师来到工地，北京文物队的周仁对旁边人说："看，侯仁之来了。"我当时还不知道侯仁之是谁，但看周仁的神态，明白来者肯定是位重要人物。

年轻女老师走上前，问："你们是北大同学吗？"因为是南方口音，显得文质彬彬，我们"土"了好几天，被这么一问，突然回过味儿来，我们毕竟是北大同学啊！

侯先生满头黑发，戴着一副深框眼镜，厚重、文雅。问过一些情况后，他们来到一处黄土断崖下，断崖上有我们刚刚发现的古代"灰坑"刨面。灰坑是考古学术语，指古代坑状遗址，其土质特别，与旁边不同，里面混杂有残留遗物。灰坑可能是古人有意挖的，以便存放东西或丢弃废物。多数情况是丢弃废物用，其实就是垃圾坑。

灰坑也可能是天然的洼坑，自然而然形成废物堆积。不管怎样，它是个遗存集中的地方，而且年代容易判断。

侯先生指导那位女老师从灰坑断面上挖下一块土，放入塑料袋，填好标签，并解释说回去可以对样品做各种测试（比如孢粉）。见此情景，我心里生出疑问："这是什么学科，居然也来到考古工地？"多少年以后我才知道，这是历史地理学，是利用考古学的准确断代，进行历史环境复原研究。侯先生在考古工地的出现，使我隐约感到，考古学并非一门孤立冷僻的学科，由考古学的领域可以向外跨出一步，进入一个更广阔的学术空间。问题是看你会不会跨。

"侯仁之是研究北京史的专家，北京通。"在侯先生走了以后，北京文物队的人对我们说。他们分不清北京史与北京历史地理有什

图2　地质地理系主任侯仁之与1954级学生在一起。左起依次为田昭奥、薛也一、侯仁之、崔海亭、田连权、未知。北京大学档案馆供图

么区别。社会上很多人也不知道这个区别，总以为侯先生是"北京通"，其实并不对。

一般说"北京通"，是指对北京大事小事杂七杂八无所不知的杂家或掌故专家。侯先生不是这样的掌故杂家，侯先生是科学家，关注的是科学命题，不是掌故趣闻。

后来知道，1972年是侯先生从江西鲤鱼洲"五七干校"回来的第二年，虽然"文革"仍在开展，但先生已经开始构思《北京历史地理》的写作，且常常工作至凌晨。这一年年底，他又开始思考研究第四纪及历史时期环境演变的计划。

算一下，那年见侯先生，他是六十一岁，庄重文雅的气质与众不同。现在，我也到了六十多岁，但全无庄重气质。我与其他同龄

图3 20世纪50年代，时任副教务长的侯仁之的家庭生活照。北京大学档案馆供图

人也说过："看你现在的年龄，早超过××年侯先生的年龄，可怎么没有老先生的气质呢？"魏心镇老师说得好："老先生不在年龄，我来北大时，侯先生才四十多岁，那就是老先生。"原来，大家所称的"老先生"是指一种修养、气质。那是一代人的风貌，现在已经没有"老先生"了。

我考古专业毕业后，被分到呼和浩特工作，先在内蒙古人民广播电台，负责采编"评《水浒传》"（对歌颂人民造反的《水浒传》不称批判）的稿子。一年后转到内蒙古大学蒙古史研究室，归队干考古。

因工作需要，我要赶紧熟悉有关内蒙古地区的考古资料、论文。我在《文物》1973年第二期上读到侯仁之、俞伟超合写的《乌兰布和沙漠的考古发现和地理环境的变迁》，这篇论文令我眼前一亮。学考古时，最枯燥的就是拿着陶片分型分式，要仔细区别陶器的口沿什么样，颈部什么样，腹部是圆的还是长圆的，足是圈足还是其他足。这些内容烦琐难背，刚摸出一点"规律"，来个新罐子就把规律给否了。掌握这套东西很难。读考古三大杂志（《考古》《文物》《考古学报》）上的文章，要不是有目的地查阅什么材料，一般都看不进去。然而，读侯先生的这篇文章则不一样。文中所提出的问题、回答问题的方法、证据的选择、考古材料的运用，真是别开生面。"原来考古学还可以做这样的研究！"尤其是这篇文章是侯仁之与俞伟超的联名。

俞伟超是我在考古专业念书时最接近的老师，不想，俞老师竟曾与侯仁之肩并肩地工作。这篇文章，因为是发表在正宗考古学刊物上，又有俞伟超的署名，令我感到十分亲近。原来，侯仁之的工作与我的所学并不遥远。

内蒙古大学有不少北大毕业的老同学，他们告诉我，侯先生是研究历史地理学的，而研究的套路又与众不同，侯先生重视自然环境变化，重视野外考察。

之后，我又陆续读到侯先生写的《从红柳河上的古城废墟看毛乌素沙漠的变迁》《从考古发现论证陕北榆林城的起源和地区开发》等论文。读了这些研究，我愈加感受到，遗址、文物只是材料，其研究的方向本不限于对器物的分型分式，还可以有广阔的思考领域。把考古学与历史地理研究结合起来，使"挖墓掘土"的考古学发出了新鲜光彩，内蒙古大学蒙古史研究室资料室有一套《禹贡》杂志，开架，很便于阅读。我在那里找到了侯先生早年的足迹。原来，侯仁之先生

图4　1961年4月，侯仁之先生在乌兰布和沙漠。本文作者供图

（以及其他著名学者）四十年前就来过内蒙古河套地区，说明河套地区具有特别的历史地理学价值。杂志上还有张玮瑛先生（后为侯先生夫人）骑在马上的照片，"那一代人活得真自在！"阅读《禹贡》杂志，对照眼前的"批邓反击右倾翻案风"，令人唏嘘感慨。

1976年，终于打倒了"四人帮"，一切都在改变。1978年，要招研究生了，在青年人中又是一番轰动。我当时准备考考古专业的研究生，但一了解，北大考古专业只招收两个方向：旧石器考古、石窟寺佛教考古。这两个方向我都不适合。要么试试蒙古史方向？我不是正在蒙古历史研究室工作嘛。不过，蒙古史研究是一门很需要语言知识的学问，学者们一直拿伯希和作例子，"伯希和会十四门语言"，我自己只学过一点点英文，蒙古文完全不会，牧区也没去过。我觉得蒙古史的学问其实离我很远。

我最后选择了历史地理学，决定报考侯仁之先生的研究生。历史地理学与考古学本有内在的联系，它们都是在大地上寻找人类活动的痕迹，侯仁之不就是与俞伟超一同进入乌兰布和地区的吗？

我给侯先生写了投考信，侯先生回了一封字迹工整的信，鼓励我的选择。这一回与大学者的正式联系，在我人生中是第一次，新鲜、激动的感觉持续了好几天。

我把呼和浩特市能够找到的侯先生的书、其他与历史地理有关的书都借来，埋头阅读。这种有目标、有兴味的阅读，效率很高，也使我对这门学科的结构、理论、概念、材料有了初步的理解。

1978年春天考试，呼和浩特市现成的考场不多，我们被安排在一所小学的教室里。教室的桌椅都很小，我们这批成年人都是"圪蹴"在小板凳上，哈着腰，在小课桌上答题。政治、专业、外语，

图5 20世纪80年代中期，侯仁之教授在书房"老牛自知黄昏晚，不待扬鞭自奋蹄"题字下留影。北京大学图书馆供图

一关接一关。最后是外语，记得有一位考生带了一台老式打字机来，噼里啪啦地敲打，搅得我们心神不宁。那个年头流行文化复旧，监考的人并不去制止。好在题目不难，我们都顺利做完考题。

考试时命运在自己手里，考完试，命运就在别人手里了。等了几个月，复试通知终于来了，已经到了夏天。

我按时来到北大，参加复试的还有三位考生：王守春、于希贤、尹钧科。复试在东南门内一座三层楼内，屋子不大，进门一张桌子，侯先生、徐兆奎先生分坐两边。两位先生和蔼地问了一些基本问题，都不难。看得出来，他们并不想"拷问"我们，而是要鼓励我们。

我回呼和浩特后不久，接到了研究生录取通知。很快，又接到另一个通知，叫我们提前赶到安徽芜湖，参加北京大学的芜湖规划工作。人生大转折，我从塞外直奔长江之畔的芜湖。

到芜湖，住进一座小山上的"铁山宾馆"，除了侯仁之、徐兆奎两位先生，北大地理系经济地理专业的老师也悉数到场，这是"文革"后的一次大型集体工作，人们的情绪都很饱满。我们的任务是研究芜湖城市的历史地理，考察它发展的历史过程，找出其规律性的特点。这是侯先生带领我们的第一次实习课。那时我们都不知道，仅仅一个月前，侯先生还在居延地区进行沙漠考察，此刻，又来到了芜湖。先生的工作热情如此之高！

研究一个城市的历史地理，怎样着眼，从哪里着手？我虽读过侯先生关于北京城的研究，还能背下不少段落，但当面对一座陌生的城市时，还是不知从何入手。在讨论中，侯先生提示我们，要注意芜湖地区与城市发展有关系的各种地理要素，并考察它们对城市发展所起的不同作用，尤其是在时间中的变异。侯先生的这一提示，启发了我们的思路。

芜湖地区有长江、青弋江、平原（早期却是沼泽）、山丘，这些自然要素在人类的行为中被组合起来，结合人文要素，即农田、聚落、交通等，形成一套系统，城市正是这个系统的核心。

在追溯芜湖城的起源时，侯先生的判断指向了青弋江的上游。我们按照这一判断，先行调查。我们四人，于希贤、尹钧科、高松凡、我，借了四辆自行车，沿着青弋江的堤坝，直奔上游的丘陵地带。很幸运，我们从老乡那儿问出一个"楚王城"，那是个环形土岗，在一处高地上。我们在土岗里找到绳纹陶片，这是早期人类活动地点的证据。

回来后，我们向侯先生作了汇报。侯先生异常高兴，决定第二天亲自去一趟"楚王城"。

第二天是阴天，我们照旧出发，芜湖有关部门派了车。到了"楚王城"，侯先生兴奋地踏查了周围的地形，肯定了我们的工作，并推断，这座古城遗址很可能就是历史文献中所记载的"鸠兹邑"，即早期芜湖城的前身。

我们准备回程时，下起了小雨。侯先生决定不必再等待汽车，而改乘小船顺青弋江而下。青弋江上有不少小船，船板干净，航行平稳。我们坐在小凳上，细雨中领略岸上江南景色，甚是快意！我事后还诌了几句诗，描述老教授在船头的风采。

回到铁山宾馆，大家衣服微湿，只觉有些凉意。侯先生提议："咱们喝点酒吧！"我们几个都好酒，听到侯先生提议，无不欢心。钧科后来借着这次酒例，说搞历史地理的都得会喝酒。

在侯先生的指导下，我们四人合作，完成了芜湖城市历史地理的研究，写出了报告，发表在《安徽师范大学学报》上。"楚王城"遗址后来得到考古学家的认定，他们在里面还发现了先秦时代的青铜剑。现在，这处遗址已经被定为文物保护单位。

芜湖规划工作结束后，当局为了慰劳北大师生，派车拉我们去了黄山。

侯先生以六十七岁高龄，登上黄山山顶。黄山的壮美，令他十分激动，他与我们一起向着空谷呼喊，感受回声之乐。我那时忽然想起，侯先生曾回忆自己年轻时首次步行穿越华北平原的情景：他孤身一人，却豪情满怀，冒着大雨，在田野中高歌行进！侯先生从

图 6 1992 年，校长吴树青（右一）与侯仁之教授（右二）及夫人（左二）交谈。北京大学档案馆供图

来就是一个充满激情的人。

　　还有令人难忘的是，在黄山上，侯先生给我们讲起了徐霞客，因为这里正是《徐霞客游记》的一处现场。侯先生说："徐霞客发现莲花峰比天都峰高，这里大概就是徐霞客攀崖的地方。"我们抬头观看两峰的高度，试作比较，面对深涧，想象徐霞客"猿挂"的险状。我们实际上是在徐霞客和侯仁之的导游下游历了一番黄山。

　　谭其骧先生曾说，现代有两位学者推崇徐霞客最为有力，一个是丁文江，一个是侯仁之。徐霞客是一位在现代地理学思想背景下被进一步确认的古代杰出地理学家，对徐霞客的再认识、再评价，体现了认识中国古代地理学的新思路，对于理解中国古代文化、古代科技具有重要意义。在丁文江、侯仁之对徐霞客的评述中，重点

图 7　2001 年 1 月 26 日，侯仁之教授与好友周一良教授在 21 世纪初合影留念。北京大学图书馆供图

已不在游历，而在有目的、有问题意识、反复进行的自然考察。

回到北京，办完研究生入学手续，便正式开始上课了。专业课是侯先生亲自讲，第一课是在圆明园。

正值金秋时节，圆明园内阳光斜射，落叶缤纷。侯先生带领我们在一处处遗址间漫步，随走随讲。在侯先生的讲述下，眼前的土岗、河床、废墟，霎时间都变成了有灵之物。一个不起眼的荒丘，当年居然叫"方壶胜境"。在圆明园遗址，所过之处，都曾有好听的名字，均有不寻常的故事，那些名称、故事与眼前的荒残景象形成鲜明对照。

历史地理学就是要将历史时期的地理景象与价值找寻回来，侯先生进一步做的，还要将历史与当代的对话建立起来。这种对话，在实地考察中容易建立，也十分必要，因为只有在实地现场，才能看到历史遗迹与现实的共存状况或对比状况，而对照之间，便可以发现问题。比如在乌兰布和，汉代水井遗迹与今天的沙漠共存，于是环境变迁的问题、沙漠生成演化的问题跃然而出。侯先生重视实地考察，重视经世致用，这二者本有关联。

从 1978 年秋天开始，我正式成为历史地理学研究队伍中的一员。这个起点是在侯先生的教导下，从三项实习开始的：在芜湖，我们学会了如何整合地理要素，并按照主题进行推理分析，建立思路；在黄山，我们体会到将历史文献与现场对应考察的魅力，它为你提供了真切的体验；在圆明园，我们意识到今日景观背后存在的历史过程，并在景观复原中，理解历史地理学的基本方法。

几件事都发生在 1978 年秋天，而这仅仅是一个开始。20 世纪 70 年代末，以及随之开幕的 80 年代，是我们这一代人从"文革""插队"的混乱躁动到人生认定的转变期。我的这份转变，正是在侯先生的精神感召下完成的。

1991 年 12 月 6 日，在美国达特茅斯，举办侯先生八十寿辰家庭聚会，我从雪城（Syracuse）赶去参加了。那几日，见侯先生身体之康健：跳跃壕沟、挥帚除雪、健谈不倦。我心里想，侯先生身体如此之好，一百岁该没什么问题。二十年过去，我们果然为先生筹划百岁寿辰的活动，有如此师生之缘，我们感到庆幸、欣慰！

写于 2011 年 12 月侯仁之先生百岁寿辰之际

作者为北京大学城市与环境学院教授

高山仰止，遗范难追

——追忆白化文先生

杨　虎

1999 年，我在北大昌平园读大一，课余时间，我受园区学生会委派，邀请李国新老师代表信息管理系为全园学生开设一次学术讲座。李老师谦逊而坚决地推辞了，同时又郑重推荐白化文先生，说这可是咱们系的老前辈，学问大得很！ 当时我们全班同学都十分敬服李老师"玉树春风里，英发授教时"的学者风度，而令李老师推崇不已的老先生，一定更加了不得。后来因故，邀请本系老师开设讲座的事没了下文，但白先生的大名却深深印在了我的心中。

2001 年春季学期，本师肖东发先生为我们讲授"出版经营管理"课期间，适逢第七届世界印刷大会召开前夕，本师为大会的献礼之作《中国图书出版印刷史论》由北京大学出版社隆重推出。本师心情愉悦，同时为了勉励我们的向学之心，给我们全班二十八人每人一本。捧读此书时，很多人首先看到的是白先生用骈体文撰写的"弁

图1 1984年10月，白化文先生在苏州寒山寺。白化文家属供图

言"，虽然篇幅不长，但文辞古雅、对仗精工、内涵丰富，真有尺幅千里之势。说实话，我们全班没有一人能完全读明白的，但都从心底崇拜得五体投地。本师一直把白先生当成尊敬的前辈长者来看待，平日提到老先生总是充满了崇敬之情。本师敬重的老师，就该是师爷爷辈的尊人。因此，我对白先生的景仰之情就与日俱增了。

2003年，本师主编的"北大风物与人文丛书"出版后，在北大图书馆召开发布会兼座谈会，北京图书馆出版社（现国家图书馆出版社）邀请了许多校内外的名流，我们这些参加编写工作的晚辈也有幸躬逢其盛。在众多的座上嘉宾中，就有让我们仰慕已久、大名鼎鼎的白先生。其时，他年过七旬，鹤发童颜，白眉低垂，精神矍铄地端坐中央。远远望去，仙风道骨，蔼然可亲，很像一尊看透了

图2　1986年4月，白化文（左二）在燕南园林庚先生宅前与林庚先生（左四）、吴小如先生（左五）等合影。白化文家属供图

人间万象的大活佛。及至讲话时，一口字正腔圆的北京普通话，抑扬顿挫，要言不烦，风趣幽默，一下子就把大家的注意力吸引了过去。印象极深的，是他在讲话的最后，向学校时任社科部部长的程郁缀先生力荐此书，说像这么好的书，就应该授予学校的社科成果优秀奖。当时我就想，白先生可真是实诚、给力！

　　第二次见面是在信息管理系二层小楼的一间会议室中，系里组织召开《出版史料》杂志的座谈会。本师命我参会学习，很令人兴奋的是，又见到了白先生。他的讲话仍一如既往的精彩、幽默，透露着老顽童一般的天趣和做派。我和同学们都喜欢极了。他的讲话，在把听众逗得满堂乐之后，留下了悠长的思索与回味。我当时想，如果每次开会、座谈，听到的都是这么有水平、有内容、有味道的讲话，该多好！除了正题以外，我至今难忘的是，白先生在讲话中斜枝旁逸地带出一句：北京某某饭馆的炸酱面乃是天下最好吃的炸酱面，可惜现在吃不到啦！我忽闻斯言，又感慨：白先生真懂生活，知识面真广，却也不是只知一味读书的老书生。会议结束后，与会人员在三院合影，白先生和各位老师端坐前排，我等敬立于后，留下了珍贵的纪念。

通过这样的途径，我就算认识了白先生，白先生也知晓了我是本师的学生。让我想不到的是，以后无论在哪里见面，在我向白先生问好致意后，他都会乐呵呵地举起手来，给我敬礼并问好，并热

图3　1986年，白化文（左二）与袁行霈（左一）在吴组缃先生（左三）家中。白化文家属供图

情地嘘寒问暖，离别之际，还会郑重其事地嘱托我一定向本师带去他的问候。受到这么高的"礼遇"，每每让我受宠若惊，无地自容。

我一直深感遗憾的是，余生也晚，没有机会正式聆听白先生的一门课程，只能宫墙外望，通过各位老师的介绍以及他的著作，进一步接近和了解他。尤其是工作以后，我就有意识地搜集、购买、阅读他的各种书籍。如今架上所藏，计有《汉化佛教与佛寺》《三生石上旧精魂》《闲谈写对联》《楹联丛话》（附新语）、《承泽副墨》《人海栖迟》《负笈北京大学》《北大熏习录》《已落言诠》《周绍良先生纪念文集》等十来本。其中，《周绍良先生纪念文集》是他为了纪念恩师周绍良先生而主编的一本论文集，2006 年由北京图书馆出版社出版。其中收录了本师带着我撰写的论文《东汉"熹平石经"刊刻活动研究——兼论石经在中国出版史上的地位》。我忝附骥尾，荣莫大焉！

知道白先生的典故越多，阅读他的著作越深入，他在我心中的形象就越高大。仅以文章而论，在我极为有限的阅读经验中，我认为在老一辈学者中，要论学问之博、著述之多、才情之高、文笔之妙，白先生可称其中翘楚。即便后来年事已高，他仍笔耕不辍，推出一部又一部的大作。2019 年，北京大学评选首届离退休教职工科学研究奖，我在校本部公布的特等奖名单（二十一人）中看到了白先生的大名，对他以及同时获奖的各位老先生钦佩之至，觉得这就是优秀北大人"活到老、学到老、写到老、钻研到老"生命状态最好的证明。后来我在讲授"北大风物与人文精神"一课时，经常列举此例，以说明北大理想、实干并重，严谨求实的学风，并且不遗余力地向学生们说：正是像白先生这些数不胜数、可爱可敬的北大先生，数十年如一日地沉潜治学、砚田勤耕，才让"北大人"这个名称能够不断散发出熠熠生辉的耀眼光芒。

在白先生的文章中，我尤其爱读他的散文和学术随笔，常常是一文而兼数美，典雅而富深情，生动而有内涵，还有些恰到好处的幽默劲，让人在感动中发笑，在笑声中深思、回味。此外，他还能撰对联、作古体诗、写骈体文，书法功底也非常深厚，颇有传统学者博学多才的能耐和风范。我曾在北大图书馆亲眼看到他用毛笔题写的《北京大学图书馆一百一十周年馆庆贺辞》，书法飞动秀美，文辞雅俗兼备，读来朗朗上口。面对这样的作品，我诵读再三，拍照珍藏，低回流连甚久而不忍离去。其辞云：

> 列国环窥际，中华蜕变时。大学参西法，图书有所司。辛亥欣光复，蔡公掌校权。红楼毛与李，马列敢先传。世乱卅余载，藏弄幸粗安。李氏与马氏，艺风并柳风。东语多方致，西文九译通。沙滩辞故地，博雅建新宫。楼宇千寻广，琳琅百倍充。邓老亲题额，师生瞩望殷。全馆当激励，建成新西山。

信息管理系教授白化文　遵嘱撰辞

书石

公元二零一二年岁在壬辰荷月初吉

白先生对自己的老师极为尊重，几乎是带着真挚的感情把自己的恩师统统写了一遍，篇篇皆佳，可作怀人叙事的范文，值得反复吟诵。如他在《琐忆吕德绅先生》中写道："吕老师逝世，我很悲痛。老师们像有批注的孤本宋版书，在善本部里，不容易看到，但是若

图4 1991年，白化文在季羡林先生家中。白化文家属供图

能亲近一次就有一次新收获。北大的老师中，健在者还有现已调入历史系的吴小如老师。从中文系说，吕老师是我在中文系学习时的最后一位老师了，此后，中文系再也没有我从学过的老师了。只有叹息。"读这样的文字，我经常会想到晋人王衍的名句："圣人忘情，最下不及情，情之所钟，正在我辈。"

白先生关爱、提携后进也是不遗余力，他的文集中，有许多放下身段热情为人说项、为人说法的文章，均是言之谆谆的肺腑之言。如在《对一次考试答案的忏悔——回忆魏天行（建功）先生》一文中，他毫无保留地和读者分享自己在大学期间总结的四条学习经验：

一是除了入门外语等课，大学的课程均应以自学为主。多读课外书，特别是指定参考和相关书籍，学会使用大型图书馆，学会使用各有各的用处的工具书，一生得益。

266

图 5 2001 年 7 月，白化文先与周一良先生在蓝旗营寓所。白化文家属供图

二是老师在课堂上讲的，大部分已经写在他的著作和讲义之中。要注意听他在课堂内外的一阵阵"神哨"，那才是别处听不来的思想火花的迸发呢。上老师家坐沙发听闲扯最能得益，当然，要具备逐步积累起来的登堂入室资格才行。

三是抄笔记，摘要便可。多听少记。听课，最好采取听名角唱戏的欣赏态度。当然前提得是名角、真唱。

四是老师的著作要浏览，有的要细读。对老师的学术历史要心中有数。这样，一方面能知道应该跟老师学什么，甚至于知道应该怎么学；另一方面，也借此尽可能地了解在老师面前应该避忌什么。

再比如，在《要自学，靠自己学》一文中，他说阅读《学习心理之话》对他的影响很大，主要有："'好记性不如秃笔头'，要勤作笔记，写日记。'要吕洞宾点金的指头'，就是，要跟真正明白的名师学，亲近老师，学他的治学方法、经验，但不可复制他。自己多多独立思考。'业精于勤'，不论惨到何种境遇，也要尽可能抓住业务不放。'学问犹如金字塔'，要兴趣广泛，打好宽广基础。最后，新中国成立后我学习毛主席著作，自觉极为重要的一句是：'要自学，靠自己学！'"

赠人以言，重于珠玉。这样真切的话语，实际上是白先生俯下身来，现身说法，教导我们这些尚在学术的幼儿园中摸爬滚打的小朋友该如何去读书和学习，就好比是学术道路上的"指路明灯"。只要用心体悟并遵循，必能受益不尽。他在讲治学方法时，还特别建议学术的前辈应该慧眼识英雄，尽力去关爱和提携后来新进，理由是："学术界是由人组成的，是有新陈代谢的，识英雄当于其未遇之时。在交流和考察中，要目光犀利，结交有真才实学而尚未成大名的中青年朋友，他们是学术界的未来。"他是这么写的，更是这么做的。

据同门学姐张曼玲回忆：记忆最深刻的是临毕业前在系里碰到老先生，听说我们要找工作，随即找出张纸来，一笔一画写下很多响当当的人名和联系方式，然后对我说，这些都是咱们系毕业的师兄师姐，你去找他们去，就说是我白化文推荐的！当时真是令我这个后生诚惶诚恐，感动不已！还说，我记得你，有一次肖老师让你给我送新年挂历！这还是我刚入学时候的小事，老先生居然到我毕业都记得。

放眼尘世，像这样古道热肠、不遗余力提携后进的学界泰斗，真好比是漫天飞尘外的一颗明星，满地蓬蒿中的一株青松！

2017年我在出版《北大钝学记》一书时，曾撰写《北大从学诸

图6　1998年6月，白化文先参加信息管理系硕士论文答辩。白化文家属供图

师散记》系列文章，其中就有一篇专门写白先生，在文章的最后，我写道："白先生是1930年生人，按照农历算，今年已经八十八岁，恰好是传统'米寿'的吉庆之年，是今日北大当之无愧的老师宿儒。从后来者的角度看他，真是'仰之弥高，钻之弥坚，瞻之在前，忽焉在后'。我怀着无比崇敬的心情，衷心祝愿他永远健康、快乐！"按照我当时的想法，以白先生的身体状况和性情风度，享寿百余岁应该不成问题。谁能料想，却在今年（本文作于2021年——编者注）7月7日看到信息管理系发布的讣告，只有哀叹！

　　平心而论，白先生仙逝时已享寿九十又一年，按照传统说法，也算是修得"仁者寿"的正果，他的学长程毅中老先生撰写的挽联"一生善交游不愁黄壤无知己，八面全能应对遍踏青山有粉丝"，最

图 7 2005 年 4 月，白化文、李鼎霞夫妇在林庚先生九五华诞庆祝会上。白化文家属供图

能准确地评价他博学多能、惠泽甚广的一生，人生如此，夫复何求？但老成凋谢，总让人伤怀不已。7 月 10 日上午，我在参加他老人家的遗体告别仪式时，怀着崇敬和哀愁之意，向他两次行三鞠躬之礼。回到家中，我在敬读白先生的文章并想见其为人之际，不禁想到我在陕西老家的一位远房爷爷王培堂先生，他生于昔日世家，"旧学邃密，新知深沉"，由于家学渊源深厚，尤其在旧学方面还有着传统读书人可贵的流风余韵。但我也有杞人之忧：在当下欧风美雨压城的大潮中，这样的风度不受"追捧"，冷落乃至中绝或是必然之势。老先生们的逐渐离去是生命新陈代谢的必然现象，但他们的离去，也不可避免地带走了一种儒雅而高贵的文化。不知今日的中华大地

上，是否还能孕育出这样令很多人景仰不已的文化人？所以，我对他们的尊崇以及追忆，实际上也是对一种文化的伤怀。作为喜欢"抒怀旧之蓄念，发思古之幽情"的后来新进，不敢说"为往圣继绝学"的大话，只能在一声徒叹奈何之后，将其奉为自己成长、提高的永久精神食粮，哪怕学一些老先生的皮毛，也能让自己不至于成为随风飘摇的飞絮，在师长面前落个趋热媚俗、毫无根基的差评。

行文至此，大雨甫止，推窗而望，天苍云淡，凉风徐来，清气入怀，敬撰祭联曰：

> 寿过九旬兼仁智，前哲共道世家风雅；学通四部贯天人，后进难追退士淹博。

作者为北京大学继续教育学院副院长，新闻与传播学院现代出版研究所特聘研究员

我最敬重的科学家

——周培源先生

武际可

在我国现代科学家群体中，有众多的科学家是值得敬重的。不过要是有人向我提问：你最敬重的科学家是谁？我会毫不犹豫地回答：周培源先生。其原因，不仅是我大学的力学专业是周培源先生所创办，周培源给我们上过基础课理论力学，也不仅是我在力学系工作许多年，经常能够聆听他的教诲，而是因为近年来我逐渐对力学史产生兴趣，在浏览了许多科学名人传略，熟悉了我国近代科学发展史之后，经过比较和思考得到的结论。只有跳出一个系，从近代整个中国的科学发展的角度看问题，才体味出他在我国近代科学发展上的重要地位。

在20世纪里，整个物理界，或者说整个科学界最为惊动的事件，莫过于量子力学和相对论的诞生这两件大事了。而周培源有幸师从这两个方向的奠基人：海森伯、泡利和爱因斯坦。在我国老一代科学家中，周培源是唯一有此幸运的。20世纪是我国引进现代物理的开始，在他之前，有夏元瑮、何育杰、饶毓泰、叶企孙、吴有训等较年长的现代物理学家的开拓。然而，早期的这些学者，大多是从事实验物理的，像夏元瑮虽然主要是从事理论物理的，但他处在民国初年，全国内乱，经费困难，很难施展抱负。

图1 周培源校长。北京大学校史馆供图

因此，可以说周培源是20世纪我国从无到有、从国外引进现代理论物理量子力学和相对论的开拓者。从1929年归国开始，他一直坚守在理论物理教学的第一线，培养了一代又一代的现代物理和理论物理的人才。像胡宁、彭桓武、何泽慧、钱三强、张宗燧、钱伟长、王竹溪、林家翘、于光远等著名学者都曾经是他的学生，而郭永怀先生曾经在西南联合大学帮助周培源先生进行湍流计算。早先，他讲授理论力学、流体力学、电动力学、辐射及量子论、相对论、量子力学等多门本科课程和研究生课程，凡是有关理论物理的课程他都讲过，后来许多课都由他的学生或学生的学生来教，而他一直坚持讲授相对论和理论力学两门基础课，一直到20世纪50年代末。

1952年，周培源又领头创建了我国第一个力学专业。这个专业的教学以厚基础著称，六十年来为国家输送了数千力学人才，这些人大多成为我国科研、教学和工程建设的技术骨干，其中仅院士就有十三名。

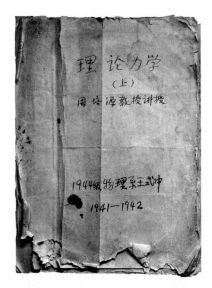

图2 1941—1942年，国立西南联合大学周培源教授《理论力学》课程讲义。北京大学校史馆供图

可以说，周培源是我国建立近代理论物理和力学队伍成绩卓著的学者。难能可贵的是，他不仅是这些教学的实际执行者，有七十年的教学经历，他还是教学的组织者和领导者，因为他曾长期担任清华大学和北京大学教务长，后来又先后担任北京大学的副校长和校长。他一直是抵制各种干扰正常教学秩序的中流砥柱。在"大跃进"时，他坚决反对"真刀真枪搞设计""把实验室车间化"

等口号，反对把学校变成工厂、农场的"极左"做法。在"文革"中，"四人帮"肆虐时期，他公然敢于抵制"理科无用论"的歪理。为了办好教育，他一身正气，无所畏惧。这是一个真正教育家的品格，值得我们敬重。

周培源是一位杰出的科学家。他将自己的大部分精力献给了力学与理论物理中两个十分困难的领域：湍流理论和广义相对论。他先后发表了数十篇论文，在这两个领域中都取得了世人瞩目的成就。

爱因斯坦的广义相对论学说于1916年发表后，在全世界迅速传播。在中国，早期传播相对论的有夏元瑮等物理学家，然而深入研究爱因斯坦学说并独树一帜的，周培源是第一位。在广义相对论研究中，他作为一位"坐标有关论"者而独树一帜。因为我对广义相

图 3 1972 年，周培源教授被美国《今日物理》杂志选作封面人物。北京大学图书馆供图

对论是地道的门外汉，不便多嘴。

湍流是近百年来，世界公认的在整个自然科学中的难题。英国著名学者兰姆在 1932 年说过："我老了，在我死后上天堂时，有两样事情我要向上帝讨教，一个是量子电动力学，一个是湍流，对于前者我确实是乐观的。"意思是说，上帝也不一定能够回答湍流的问题。

周培源原来的兴趣是广义相对论的宇宙论，在七七事变后，他觉得应当做一点和实际接近的课题，于是便选择了湍流这个难题。一直到他去世，他从未被这个题目的困难动摇过，甚至作出了重要贡献。为此，我愿意引美国专攻湍流的著名流体力学家兰磊在 1995 年发表在《流体力学年鉴》上的两段话，来说明周培源的学术成果

图4 1983年，在新加坡亚洲物理讨论会上，周培源
与杨振宁教授合影。北京大学图书馆供图

的重要性：

　　在湍流领域，他（周培源）被认为是计算机模式之父。在
一篇发表在《中国物理》杂志绝对原创的文章及其后更详细的
发表在国际文献的三篇文章中，他引进了湍流起伏的二阶和三
阶矩的方程，这些方程和稍后 Millionshchikov 的方程略微不
同。……遗憾的是，周的建议是在计算机发明之前，要靠手来

图5　1987年3月，周培源与钱伟长、费孝通在一起。北京大学图书馆供图

进行大量的计算是很难的。但是在现今，全世界有成百的以模式来用计算流体力学程序计算湍流的人，他们追本溯源都是直接继承1940年周的那篇文章的。

　　在这一代人中，在流体力学中至少有来自四个不同国家的四位巨人，他们以自己的方法在国内和国外造成很大的影响，既是由于他们对流体力学的贡献，也由于他们提供的智力和领导，在每一个国家，那些非凡的后继者、在流体力学中的出色的工作者都可以追踪为这些巨人的学术继承人。我所说的四位巨人是：美国的冯·卡门、苏联的柯尔莫哥洛夫、英国的泰勒和中国的周培源。

图6 1992 年 6 月 1 日，周培源教授与陈省身教授在一起。北京大学图书馆供图

能够和前三位巨人齐名，说明周培源工作的意义和重要性。奇怪的是，这样的评价是由美国人做出的。我本人并不是搞湍流的，在不少次学术会议上，听到流体力学报告时，满耳朵都是前三位，我们自己却没有给周培源的工作以足够评价。

周培源先生对于自己湍流的工作，从来都是低调处理，从来没有提过得什么奖的问题。记得是 1982 年，"文革"以后国家恢复奖励制度，那时我正好是负责科研工作的系副主任。学校有一次要求上报国家自然科学奖的项目，我回来和几位教员商量了一下就把湍流研究这个项目报了上去，项目的第一负责人是周培源，下面还有魏中磊、黄永念、是勋刚等。当时并没有和周先生商量就报了上去。

周先生知道后说不要申报，他还要再做一些工作，取得一些新的成果。但是，力学系的同志坚持上报，最后周培源先生同意了。后来我们知道，这个项目得到了二等奖。一直到周培源先生去世后，我们才知道，对于"湍流理论"申报的这个奖项，他曾经给负责评奖工作的钱三强同志写信，明确表示：一等奖应该授予王淦昌、陈景润等同志，他的"湍流理论"得个二等奖比较合适。他写道："即使将来再做一些工作并取得一些新的结果，我想也只能授予二等奖，因为从大的原则来讲，这还在牛顿力学的范围之内，而不能算是重大的原则性问题。"周培源先生这种极端负责、实事求是的精神受到了科学界的高度赞赏。

在科学研究方面最值得我们敬佩的是，在湍流领域里，周培源完全是独立开创道路的。在力学和物理领域，我们知道的许多学者都有师承的，例如钱学森是师从冯·卡门的，钱伟长是师从辛格的，他们的老师是从事力学或应用数学与力学研究的，他们自己的最重要的开拓性贡献也大致在这个领域内，而周培源是自己跳入力学领域独立做出重要成果的。我们知道周培源的博士论文是关于相对论方面的，和流体力学关系不大。他转入流体力学并做出出色成果，完全是由他基础理论的扎实功底和非凡的独创精神所致，而且一旦转入这个领域，就要挑选世界上第一流的难题来攻克，这一点尤其是我们应当敬重的。

周培源不仅是一位杰出的科学家，而且是一位正直的、坚持真理的科学家。我国一度是一个多变的国家，时而理科无用，时而亦学亦工，时而学生教先生，学生上、管、改，时而批判相对论和热力学第二定律。总之，花样繁多，层出不穷。周培源是一位敢于顶

图7　1994 年，周培源先生与学生合影。北京大学档案馆供图

歪风的科学家。"文革"期间，他直接上书周恩来，说明基础理论
的重要性。他敢于顶回陈伯达批判相对论的无理取闹，他写文章阐
明理科的重要性。"文革"以后，他又阐明"一所大学办得好或不好，
其水平如何，它的决定因素或根本标志之一乃是这所大学的教师阵
容，教师是学校的主体，古今中外，绝无例外"。不幸的是，他主张
要给大学以"严选良师的条件"的意见，受到来自某位教育部部长
的批判。

三峡工程上马，几乎成为一面倒的意见，1988 年，有关决策
者已经下了决心要上三峡工程。已经八十九岁高龄的周培源，率
一百八十二位政协委员到湖北、四川考察，并且直接上书中央提出
缓建三峡大坝的建议。他表达了一百多位政协委员的心声："我们很

图 8　周培源教授与助手在研制成功的低速湍流风洞旁讨论湍流实验。摄于 20 世纪 80 年代。北京大学校史馆供图

关心，我们很不放心。"他说："你光给领导同志送一面之词，让他如何做正确判断？几十年里我们深受其害，今天不能再说假话。"他还说："关于三峡的争论，实质上是要不要科学，要不要民主，要不要决策民主化的问题。"

　　周培源的确是我心目中敢于坚持真理的一面旗帜。他说："学校是一个搞学问的场所，而学术活动的特色乃是它的独创和革新，它的追求真理的大无畏精神和尊重实际的科学态度。"他是实践了这一诺言的。尤其是在我国现今的条件下，能够坚持这一科学家良知原则的人是很少的，正由于此，周培源就更值得我们敬重。

　　周培源不仅是一位正直的科学家，而且是一位社会活动家。他是国际理论与应用力学联合会最早的我国执委，他是中国人民外交

学会的负责人，出席世界核裁军会议的最早的代表，他还是全国政协副主席。

在中美建交之前，是他访问美国，与美方达成互派访问学者的协议。

他数十年和夫人靠工资收集古字画，在去世前全部捐赠给国家博物馆，并且把父辈的房产捐献给国家。有人说他捐献的那些字画，如果拍卖的话，会有亿万的价值，会使他的子女成为巨富，但是他没有，在九十岁后，他做好子女的工作，把它们献给了国家。

这些，使我们理解到，他是一位为大众办好事的老人，是一位无私的老人。这尤其是我们敬重他的理由。

我国自古就有着浓厚的技术情结，对于做出有很大的市场价值的贡献，或者对做出"会叫会跳的"新鲜东西的成果和人评价很高，而对于在基础科学上做出重要贡献的，则经常是视而不见。陈景润的工作、胡海昌的工作、周培源的工作等，都是首先由外国人评价了，中国才有人说好，这说明我们实际上还缺少评价基础科学成果的能力。其实，一个国家，只有能够客观地评价基础科学成果的价值，才有发展基础理论的土壤，否则将永远跟在洋人屁股后面转。

周培源的一生，很值得我们后辈学子仔细研究和效法。他曾经说，他一生的座右铭是："独立思考，实事求是，锲而不舍，以勤补拙。"他的确是这样做的，而且做得那样优秀，那样出类拔萃。他是一位植根于我们自己国家的杰出科学家、教育家。我们每每想到这些，敬重之情怎能不油然而生。

作者为北京大学工学院力学与空天技术系教授

王选是一个普通人

陈堃銶

王选去世后，社会各界悼念他，也有许多朋友对我表示慰问，借此机会我向大家表示感谢！

1975 年初，我了解到国家有个"汉字信息处理系统工程"项目，简称"748 工程"，其中一个子项目是用于印刷的汉字精密照排系统。我同王选讲后，他为项目的难度和应用前景所吸引，很感兴趣。王选在大学毕业后不久，因劳累过度曾患过重病，"文革"初期复发，当时他是在家休养的全休病号，身体正在好转，所以他有条件进行调研和设计。经过调研，他决定将汉字采用数字化存储，之后很快认识到汉字存储量太大的问题是系统的关键，所以他首先设计汉字信息压缩方法。经过几次反复，到 5 月份确定了"轮廓加参数"的方法，这个方法不但能保证文字变大变小时的质量，而且压缩倍数很高，五百万字节的容量，可以存储六十五万个汉字。上报学校

图1　王选与大学同学合影。本文作者供图

后，学校很高兴，决定成立会战组。王选当然是成员，因为方案是我同他一起讨论并由我向学校汇报的，所以也有我。他原是无线电系的，我是数学系的，从此我们成了同事，所以我和他既是夫妻，又是合作最早、时间最长的同事。后来我配合他继续改进方案，研究压缩信息复原成汉字的方法，并和同事们一起进行模拟试验，终于在1976年6月确定了数字存储、信息压缩、激光输出的完整的四代机方案。从此他成为整个系统设计的负责人，具体承担核心部分的硬件设计，我负责软件，我们一起确定软硬件的分工与配合。后来他成了单位的负责人，白天要处理各种事务，常常只能在晚上思考，有的难题就是睡不着的时候想出解决办法的。他总是一天三段忙，节假日更是干活的最好时机。奇怪的是，尽管劳累，他的身体却一天天地好起来了。

因为忙，我们俩平时说话的时间都很少，我为了让他歇歇，有时故意找些轻松的话题，他或是没听见，或是没说几句，又谈到工作上去了。我们吃饭常常是凑合，他也帮着做家务，但有时做着做着又跑去写起来了，我知道他总在想问题。只有1981年我患癌症时，他做了一个多月家务，尽心尽力地服侍我，每天看着菜谱烧菜。但我出院后，他很快又非常忙碌了，他说："看来我只能派急用！"

生活上的困难是次要的，因为国产元器件不过关，我们系统的稳定性很差，所以不少人主张进口。当时学校里时兴写论文、搞理

图2 20世纪80年代，王选教授在北大旧图书馆计算机所会议室里凝思。本文作者供图

论和出国进修，对我们这种工程性强的专业来说，工作压力很大，不少同志回系去了。所以在取得初步成果后，有的同志提出应该见好就收，反正已经证明原理是对的，以后写写文章就行了。王选觉得如果到此为止，将来必然是进口设备的天下，我们的工作等于零。在那几年里我们听到的是一片反对声，有的说："北大设计的系统即使搞出来也是落后的！"有的说："外国设备展览之日就是你们垮台之时！"也有说："用不了多久，就会把你们打得落花流水！"有的协作单位提出："要我们参加，你们必须放弃'轮廓加参数'的压缩方案！"王选对国外的工作做了仔细调研，确认我们的方案远比国外系统先进，只要改善硬件条件，局面定会改观。在国家的支持下，

图3 1987年，华光Ⅲ型系统研制成功，王选、陈堃銶夫妇与计算机研究所学生在一起。本文作者供图

大家充满信心，顶风渡过了难关，经过几次升级换代，不但使所有进口厂商退出了中国，还使我们的产品出口海外，进入了西文市场，使我国的报业、印刷业进行了彻底的技术改造。

随着事业的成功，他的名气越来越大，有人称他为当代毕昇，他很不同意，说："'当代毕昇'是一个集体！"1991年初出版了一本《王选传》，出版前我们没有看到封面和内容提要。后来他在写给朋友的信里说："这本书封面上和内容提要中的提法不妥，'中国激光照排之父''当代毕昇'等提法均把大家的功劳归于一人……"他常常对我说，工作是大家一起做的，我已经得了不少荣誉，但好处不能只归我们。有一次我写了一篇投《计算机学报》的稿，他知道了说："学报上你已经有两篇稿了，这篇你就不要署名了！"后来就署了做具体工作同事的名。1980年我被提为副教授，按规定有成绩的五年后可以申请提教授，后来我们单位个别有突出贡献的同事，四年甚至三年就提了。1985年，Ⅱ型机在新华社每天使用，并通过了国家级鉴定，对软件的评价也不错，按说我可以申请提教授了，但王选要我同另一个同事一起提，他说："你再等两年，等他条件够了，同他一起提吧！"所以我是七年才提的。到了评博士生导师的时候，他说："你年纪大了，就不要当博士生导师了！"上报了比我年轻的同事，讨论时遭到反对，才又改了我。后来一次报奖时，他把一位年轻同事的名字排在我前面，又是遭到大家反对才改的。开发新软件时，他说："你年纪大了，拼也拼不动了，就让年轻人干，让他们出彩吧！"我觉得很对，就做改进老软件工作，并且我熟悉整个系统，正好可以编一些虽不起眼但又需要的程序，其中有的就只用一次。后来我带领研究生，开辟新的课题，并将软件协调工作

图4 90年代，王选、陈堃銶夫妇在机房工作。本文作者供图

交给了其他同志，我就彻底退出了第一线。

由于我们对许多问题的观点相似，所以常常很少几句话彼此就都理解。我脾气急躁，他性格温和，所以很少发生矛盾。我有时说话偏激，他会指出哪几句不应该讲，他写的文章有不合适的地方，我向他指出，彼此都会接受。当然也有意见不同的时候，譬如他出名后，采访他的人很多，我很不赞成。他说："这是媒体的任务，再说经过他们宣传，使更多人了解我们的工作，对推广、招聘都有利啊！"在处理有些矛盾时，我嫌他过于忍让，他说："你要多从对方的立场上考虑，譬如当年那些反对我们系统的人，其实都是好同志，他们只是按照惯例，不相信中国人能做好罢了。"个别同志对他有意见，他说："其实有些意见是误会，怪我没有同他多交换意见，实

在是太忙了。"

在有的问题上，他是非常认真的。有一次协作单位在开发一个软件时，遇到了难关，我说我有办法解决，他听了立刻要我去教，当时这个单位和我们已经有了裂痕，所以我有抵触情绪不肯去，他对我发了脾气，这也是我们之间唯一的吵架。我冷静下来后自然是按他的意见去办，也明白他根本就不考虑成绩归哪个单位，只要做出来，算谁做的都行。在平时，他看见、听见不正确的做法或意见，也会直接指出，不拐弯抹角，不怕得罪人。有同志好心地要我转告他，即使看准了的问题也不要急于表态，他听后哈哈大笑说："我办不到！"

2000 年 9 月他病倒了，10 月 4 日确诊为肺癌，出门的时候，医生指着他的背影，说出了使我五雷轰顶的四个字："最多两年！"我强忍悲痛同他回了家，我知道他是累垮的、被压垮的！

我回想这二十多年来，他一直在为做出创造性成果并使之出口海外而努力。他认为应用性科技的成果要经得起市场的考验，才能对社会有实际贡献，所以他坚持走产学研相结合的道路。他本来担任北大计算机研究所所长，尽管他认为自己没有管理企业的能力和兴趣，后来也没有真正管理过企业，但为了工作需要，他在方正公司兼了职。以后还担任了九三学社中央副主席、全国人大常委会委员、全国人大教科文卫委员会副主任。这政、企、学三方面的工作十分劳累，但最累的是随着事业的发展，各种矛盾和问题都摆在他这个文弱书生的面前，使他难以应付，他总想把各方面的工作做好，但处理复杂现实的难度，远远超过科研攻关遇到的难题。有时他面临巨大的压力，常常整夜不能合眼。幸而有领导和大家的支持，才

图5　1991年2月，王选教授到周培源校长家中拜年。本文作者供图

渡过一个个难关。但这种种情况使他的精力几乎耗尽。

　　也许是因为有过我患癌症的生死考验，面对突如其来的打击，我们都很冷静。确诊的第三天，他就写下了遗嘱，第一句话就是："人总有一死。"我知道他已经把生死置之度外，只考虑怎样度过今后有限的日子。他要我不隐瞒病情，每当出现新的情况，我们都一起讨论应该怎样面对，到了后来，他说："管它什么情况，你去跟医生讨论就行了。"他已经完全不想自己的病，只是积极配合治疗，腾出精力做力所能及的事情。每当治疗间隙，除了参加活动，他主要做两件事，一是写文章，从确诊到去世的一千九百多天里，有七百九十四天在治疗和住院，但他忍着病痛，写出了五十多篇文章和讲话，他要把他用心血换来的体会供后人参考。再就是关心帮助年轻人才，他从亲身经历体会到支持爱护尚未出名、但有潜力的小人物的重要，所以他非常爱护年轻人才，尽量为单位的骨干创造有利的环境。他常找年轻人谈话，病后出门少了就通电话、发邮件，了解情况、鼓励帮助。尽管他左肺全肺切除后一直胸痛，后来的几次转移又引起多处疼痛，但他从不呻吟叫苦，只有在病情恶化以后，才轻轻对我说："我实在痛苦！" 其余大部分时间他常常喜笑颜开，与同事或朋友在一起时更是谈笑风生。住院期间常同医生、护士聊天，开玩笑。有人称他首长，他会玩笑着伸出手说："我是这手掌！"我知道他始终认为自己是个普通人。

2005 年 11 月，他的病情恶化，完全不能进食，每天只能喝几口水和果汁，靠鼻饲营养液维持。即使这样，他还不肯躺在床上，坚持自己上厕所、自己洗澡，后来太虚弱了，才肯让我帮他洗。到去

图 6　2004 年春，王选夫妇在家中院里。本文作者供图

世前一天的 2006 年 2 月 12 日，他发着烧，身体非常虚弱，大家叫他不要下床，但他还想撑着自己上厕所，我知道他特别不愿意麻烦人，这之后大约两小时他突然消化道出血不止。第二天上午我陪在他身边，眼看他停止呼吸和心跳，我看到他流出了眼泪，这是他病后第一次也是唯一的流泪，我知道他舍不得离开这个世界，舍不得离开他的事业和亲人，但是他还是走了，以前每次出差，他总盼着早点回家，但这次他永远回不来了。

现在大家纪念他，给了他很高的评价，我想他若在地下有知，一定会觉得当之有愧。因为论成绩，我知道他始终认为工作是大家做的，个人的力量是有限的，功劳不能都归于他。论为人处世，与许多老科学家相比，与许多努力工作但默默无闻的同志相比，并没有突出的地方，只是他比别人有更好的机会。所以我想只要建立正确的道德观，树立良好的社会风气，为更多的人提供施展才华的机会，我国离建成创新型国家的日子也就不远了！

作者为王选教授夫人，北京大学王选计算机研究所教授

深切怀念徐光宪先生

黎乐民

　　徐光宪先生于 2015 年 4 月 28 日与世长辞，我国失去一位杰出的化学家，中国民主同盟失去一位优秀盟员，我失去相处五十多年的师长，深感悲痛，思念长存。先生是我研究生时期的导师，也是我加入民盟的介绍人之一。自 1965 年研究生毕业后，我在先生领导的科研团队中工作四十余年，从他那里不但学到知识，更学会做人。先生在道德风范、学术造诣和敬业精神方面都是我学习的榜样。

　　我特别敬佩先生高尚的爱国情怀。在美国留学期间他就十分关心祖国命运，积极参加留美进步学者的活动。1951 年 3 月他获得哥伦比亚大学博士学位时，抗美援朝正在进行，美国国会通过法案阻止中国留学生回国，他和夫人高小霞先生决定假探亲之名立即回国参加祖国建设。回国后他在北京大学化学系任教，积极参与国家政治生活，1952 年加入中国民主同盟，1983 年加入中国共产党。他曾

图1 80年代末，徐光宪教授科研团队骨干在北大校园合影。本文作者供图

任第三届全国人大代表，第七届北京市人大代表，第五、六、七、八届全国政协委员；在任期间积极参政议政，对科技教育有关问题出谋献策，提出过很多有益的建议。

　　先生的爱国精神更体现在他回国任教以后的科研和教学工作中。为祖国科教事业做贡献是他一生的执着追求。他心系国家需要，密切关注学科发展动向，把两者巧妙、灵活地结合起来，解决国家面临的问题，推动学科发展。他在美国获得博士学位，专长是纯理论性的量子化学，回国后立即开展研究工作，成为我国量子化学奠基人之一。当他看到溶液络合物化学蓬勃发展，研究成果在化工生产中有应用前景，在国家建设中能发挥重要作用时，马上在这一领域展开实验研究工作，成为我国溶液络合物化学领域的带头人。1956年他奉调参与创办北京大学原子能系，上级要求尽快开展科研工作，解决原子能有关的化学问题。对他来说这是一个全新领域，但他不怕困难，除了按时给原子能化学专业学生开设必修课"原子核物理导论"，还在全国率先开展核燃料络合物化学和萃取分离化学研究。"文革"期间他从江西农场回到化学系工作，接受镨钕分离提纯的紧急任务，以萃取化学研究为基础，开展稀土萃取化学和稀土分离工艺流程的研究，并将成果推广应用于工业生产，取得重大成果。"文革"结束后，国家十分重视基础理论研究，他继续量子化学方向的科研工作，获得国家自然科学奖二等奖。几十年来，他不断及时调

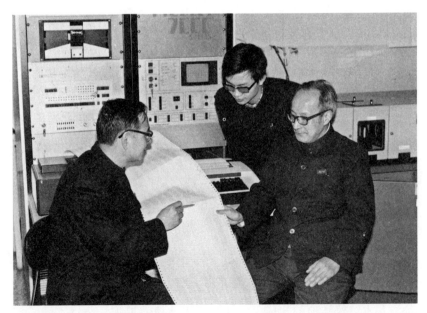

图2 1986年2月，徐光宪教授（右）和李标国教授（左）、严纯华（中）研究实验数据。北京大学档案馆供图

整科研方向并取得累累硕果，除有赖于他广博而深厚的知识功底外，很重要的因素是他心怀祖国，有为国家解决科技难题的热忱，把国家的需要放在首位，表现出一位爱国科学家的高尚情怀。可以说，贯穿徐先生生活的主线就是科研和教学。我至今难忘 1969 年冬，上级宣布北大技术物理系要立即迁往汉中分校，之后的一次小组会上，他强调搬迁中要采取特别措施，保证仪器设备完好无损，以便到汉中分校后马上开展科研工作。当时他因冤假案株连受到极严重的冲击，情况刚有所缓和，"审查"还没有结束，心中痛苦和愤懑之情可想而知，而他仍然想尽快继续开展因"文革"中断的原子能方面的科研工作。

先生在开展科学研究方面并不是一帆风顺的，但遇到困难和挫折，他从不灰心，而是根据环境，抓紧时机开展研究工作，显示出"有条件要上，没有条件创造条件也要上"的积极进取和艰苦创业精神。为了争取接受一项科研任务，他常三番五次打报告，每次都是反复推敲，数易其稿。为建立一个比较稳定的科学研究和人才培养基地，他不懈地努力。他筹建过一个络合物化学 – 萃取化学研究基地，由于"文革"中断了。他曾力争在北大化学系成立一个无机化学研究所，虽然得到当时国家教委有关领导的口头支持，但终未如愿。他曾想在北京原化工五厂建立一个稀土的科研 – 生产联合基地，亦未获成功。但他痴心不改，坚持不懈，借 1989 年国家用世界银行贷款支持重点学科发展计划实施的机会，竭力争取，终于得以在北京大学建立"稀土材料化学及应用"国家重点实验室。这个比较稳定的科学研究与人才培养基地的建成，实在有赖于他执着追求、坚持不懈的精神。之后，"稀土材料化学及应用"重点实验室在科技部组织的评估

图 3 90 年代，黎乐民在办公室向徐光宪先生汇报国家重点实验室的工作。本文作者供图

中两次获得"优秀"成绩，这在北京大学建立过的近 20 个国家重点实验室中是独一无二的，在国内化学化工专业的国家重点实验室中也是很少见的。

先生一生都在祖国科技教育事业的园地中辛勤耕耘，未曾稍懈，"焚膏油以继晷，恒兀兀以穷年"是很恰当的写照。他经常以"业精于勤"教诲学生，强调科研成果来自辛勤的劳动，成功离不开刻苦努力。他言传身教，以自己的实际行动为学生树立榜样。我跟随他工作数十年，对此有深刻的感受。工作时间自不必说，即使是周末假日，我每次到他家也总是见他在伏案工作，无论是严寒酷暑。"文革"期间，直到 1968 年"清队"开始以前，他还在抓紧时间考虑科研有关的问题。"文革"结束后，他豪情满怀，夜以继日地工作。直到八十多岁，仍然壮心不已，忙碌终日，时刻关注量子化学、无机化学和稀土化学发展的情况，不断提出指导意见。2006 年，他

图4 1997年4月，徐光宪和高小霞教授参加浙江大学百年校庆后游严子陵钓台。北京大学图书馆供图

八十六岁高龄，还就国家稀土科技事业的发展和我国稀土资源的合理利用问题，向时任国务院总理的温家宝提出积极建议，受到高度重视，国务院经过深入调查研究后制定了相关政策。年逾九旬，他还在关心我国科技革命问题，2013年4月在《中国科学报》上发表文章，谈"第六次科技革命"的内涵，强调重视化学学科的发展在第六次科技革命中的重要意义。

基于执着的追求和不懈的努力，先生在科学研究中取得多项杰出成果，获得许多重要的科学奖项，特别是在稀土萃取化学和稀土分离研究中解决了很多科技难题，把我国的稀土分离科学和技术推上国际领先地位；将研究成果应用于稀土分离工业生产，使我国稀土分离产业从在国际上默默无名跃升至排名第一，产品的产量和销量均占绝对优势，实现了跨越式发展。为此，2008年他被授予国家最高科学技术奖，表彰他在推动我国稀土科技事业发展中的重大贡献。他也是化学领域首位获此殊荣的科学家。

　　先生热心于教书育人，提携晚辈。他十分重视教学工作，在北京大学为本科生和研究生讲授过一系列课程，特别是从 1952 年起为本科生开设多年的"物质结构"课程，深受学生欢迎。基于授课讲稿编著的《物质结构》一书，被国家教育部门指定为高等学校统编教材，1988 年获得国家教育委员会颁发的"高等学校优秀教材特等奖"，是迄今在所有化学类教科书中唯一获此殊荣的教材。20 世纪 80 年代基于研究生量子化学课程的讲稿编著的《量子化学——基本原理和从头计算法》三卷本教材及教学参考书也加印数次，得到众多读者的好评；近年还出版了该书的修订版，并被翻译成英文出版。

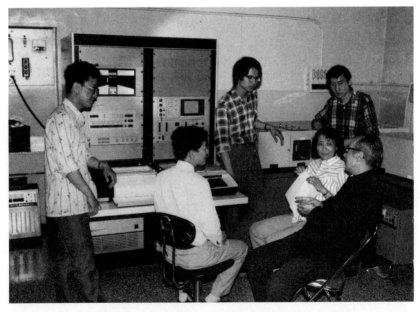

图5　1998 年，徐光宪教授与学生在实验室讨论实验。北京大学档案馆供图

图 6　徐光宪教授与北京大学稀土研究中心师生合影。前排左起依次
为陆志达、黎乐民、徐光宪、王秀珍。北京大学图书馆供图

　　为吸引广大青少年对化学感兴趣，2009 年他还组织北京大学化学与
分子工程学院的部分师生编写并出版了"分子王国"系列科普读物。

　　先生先后指导过一百多名研究生和访问学者。他对学生精心指
导，严格要求，督促学生和助手多出高水平的科研成果，在完成科
研任务的同时培养优秀人才。他不仅向学生积极传授治学经验，鼓
励他们在科研中刻苦探索、大胆创新，还注重品德教育，培养学生
的奉献精神。他培养的学生遍布全国，其中许多人已经成为各高校、
研究所和企业中出色的学术骨干或学术带头人。他还多次到科研院
所和产业基地开设讲习班，培养了大批高级工程师和技术人员。与
此同时，徐先生十分热心扶植晚辈，提携后学，在条件具备时让学
生承担重任，得到锻炼，帮助学生尽快成长。迄今他培养的学生和
助手中已经有四人当选为中国科学院院士，这在全国著名科学家中

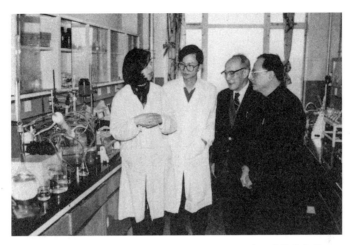

图7 徐光宪院士（右二）在实验室与大家交流。北京大学校史馆供图

也是少有的。先生还热心帮助所有有求于他的人，即使不是他正式的学生。

先生对学生和同事的生活也很关心。1960年，他把《物质结构》的全部稿费捐赠给北大技术物理系工会，帮助生活有困难的职工。2005年，他用所获何梁何利科技成就奖的奖金设立"霞光奖学金"，资助有经济困难的学生完成学业。尽管他家人口多，经济也并不宽裕，但他还是常常慷慨解囊，助人为乐。

《道德经》中说"死而不亡者寿"，先生虽然离开了这个世界，但他在科学事业上心怀祖国、迎难而上、百折不挠的进取精神，勤奋刻苦、从不懈怠的工作态度，以及谦虚诚恳、助人为乐的高尚品格，将会长久留在人们的心中。

作者为中国科学院院士，北京大学化学与分子工程学院教授

丁石孙老师

张恭庆

丁石孙老师在中国知识界有很高的声誉。作为他的学生和同事，我们为他骄傲。我从 1954 年认识他到现在，已逾一个甲子，与他的联系一直未曾中断。下面我想从学生和同事的角度来谈谈丁老师。

一、深受同学爱戴的老师

丁石孙先生是我们大学的高等代数课老师。1954 年秋我刚进大学时，他给我们上习题课，主讲老师是聂灵沼先生。丁先生高高的个子，声音洪亮，说话简短扼要，逻辑性极强，第一次见面就给我留下了年轻有为的印象。一个学期后，聂先生不教了，丁先生既上大课又带习题课。

在习题课上，他把大课内容概述一遍以后，就把准备好的习题写在黑板上。当同学们埋头解题时，他会走到学生中去巡视。对于同一个问题，同学们可能有不同的解法，有的正确，有的不正确，有的部分正确但论证不完整，五花八门，不一而足。丁先生反应极快，巡视一遍之后能立即做出总结，针对不同错误，一语中的，指出问题所在。同学们对他佩服得五体投地。记得刚开学不久，他通过习题给我们讲解"抽屉原理"。在中学时我也曾不自觉地运用过这个思想做题，但经他从"一一对应"的角度提高概括之后，我顿觉豁然开朗。在兴奋之余，我曾把这件事写信告诉了中学数学老师，可见此事给我的印象之深！

丁先生还是一位十分敬业的老师，在我们1954级的入学新生当中，除了应届的高中毕业生外，还有少量出身于工农的调干生。他们已经有了几年的工作经验，但在数学上未必达到了高中毕业生的水平，上大学后和大家一起听课有时显得吃力。丁先生对他们特别

图1　1984年秋，丁石孙校长给本科生讲授"抽象代数"课。北京大学校史馆供图

关心，另开小灶，在课余时间对他们专门辅导。晚上我们在学校大图书馆（旧的大图，在办公楼南边）自习，十点闭馆后回宿舍的路上要经过北阁（当时数学力学系有一部分教研室在那里），好多次看到北阁内灯光通明，丁先生正在耐心地辅导几位工农同学。后来这几位同学逐渐地跟了上来，其中确实有人在此后的科研工作中做出了成绩。

丁先生也很关心同学们的全面成长。他经常参加学生的课外活动，还到学生集体宿舍和大家聊天。我们都愿意跟他谈，有关学习上的、思想上的以及生活方面的许多事情都是谈话的内容。

我个人特别喜欢听他讲国际、国内数学界的人和事。例如，法国有个布尔巴基（N. Bourbaki）学派、德国在 20 世纪 30 年代是世界数学的中心、苏联数学学派在世界上有很大的影响、华罗庚先生对矩阵乘法有独到的技巧、陈省身先生在微分几何与拓扑学上有重要的贡献，等等。这些内容使我们对数学的兴趣愈加浓厚。他还向我们介绍数学的主要分支都研究些什么，哪些课程特别重要，传授给大家学好数学的经验。他的话总让我们听得津津有味。有的同学还利用答疑时间去找他，进一步了解自己关心的问题。

有时我在图书馆或书店发现有趣的数学书，不知道应不应该读，也去问丁先生。例如，一年级寒假前在图书馆看到一本 E. Landau 写的《分析基础》，从 Peano 公理定义整数出发，到有理数的建立，一直到实数理论，既严格又简练，非常吸引人，便去征求丁先生的意见。他告诉我 Landau 是德国一位知名数学家，在数论和函数论方面很有建树，《分析基础》是一本好书，鼓励我好好地读。我寒假带了这本书回家，认真地读了一遍。我初次接触到这种在公理基础上建立起来的数学，心灵受到了很大震撼，大有收获。因为它使我从一个中学生的数学兴趣中超脱出来，渴望进入近代数学的大门。

从一年级下学期开始，我们年级中的部分同学成立了"科学小组"。按分析、代数、几何分成三组，分别在程民德、丁石孙和裴光明三位先生的指导下读书，读文章，相互报告并思考一些问题。根据个人兴趣，陈天权和我在分析组，张景中和杨路在代数组，马希文在几何组。到了二年级，在"向科学进军"的号召下，各个年级都成立了"科学小组"，更多的老师和同学也都加入这类活动中来。每年一度的"五四科学报告会"在1956年特别增设了学生报告专场，不少同学在会上报告了学习心得，其中陈天权和张景中的成果都有

图2　1984年4月，北京大学第一次茶话会，校长丁石孙（中）等校领导与教员们座谈。北京大学档案馆供图

创造性，后来被写成论文发表在学报上，而在这些活动中，丁先生始终是一位重要的组织者。

在我们进入北大的一两年里，处处能感受到北大浓厚的学术气氛。数学力学系人才济济，年轻教师中不乏学生们的偶像。丁先生于 1955 年入党，研究工作也在全国数学界崭露头角，他是又红又专的一位典型人物。他平易近人，和同学们的关系密切，在学生中有很高的威信和影响。1956 年，他与桂琳琳老师在俄文楼举行婚礼，我们年级中大多数同学都去表达了衷心的祝贺。

二、坚持真理，朴实无华

1959 年我毕业留校任教。从那时起一直到改革开放，这四分之一世纪里，北大多次发生翻天覆地的变化。在这期间，我与丁先生虽在同一个系工作，但分属不同教研室，除几次偶然的机遇外，真正的接触并不很多。

我留校的第一年担任 1959 年入学新生的数学分析习题课助教，大课由闵嗣鹤教授主讲。第一学期学校处在 1958 年教育革命之后的短暂平静时期。1960 年春天，一股更为凶猛的教育革命浪潮又席卷而来。学生被发动起来批判教学内容中的"唯心主义"和"形而上学"，物理系批判爱因斯坦，批判量子力学，数学系则"打倒牛（顿）家店""打倒歌西"。矛头直指严格化的数学，把一些重要的理论说成是"故弄玄虚"的伪科学。这股思潮不要理论，空谈实践，在教学上要求教员每堂课都必须从生产实际问题的需要出发，讲具体的数学定理。达不到要求，就可能遭到大字报批判。因此，教学小组的人（不分大课、习题课）按照教改要求，合起来集体备课。教员白天备课、答疑、上课、劳动，晚上参加"教改"运动，批判会经常开到半夜。闵嗣鹤先生有高血压，连着夜战，身体不支，只得请病假休息。这时突然把丁石孙先生派到"数学分析教学小组"来。听说他在"反右"运动中挨了整，那时已搬到未名湖边的集体宿舍去住。他情绪不高，说话十分谨慎。面对这种非理性、反科学的批判，他始终坚持原则，从不附和那些"极左"的论调。有几次休息的时候看到他独自一人神色迷茫地沿着未名湖边散步，我非常同情他的处境，但没有办法宽慰他，只能在周末下午开完教学小组会后，悄悄地对他说："快回家吧，剩下的事我们来做。"

"四人帮"是 1976 年秋被打倒的，全国范围内的"文革"也就随之结束了。但北大的拨乱反正工作进行得非常慢。直到 1977 年中央派周林为首的工作组进驻北大以后，对"四人帮""极左"思潮的批判才有了起色。在全系批判大会上，丁先生深入揭发批判了"极左"路线对北大数学系的破坏。他的发言影响很大，后来他被大家推举为运动"领导小组"的副组长。1977 年，许多大学招收的新生都已入学，而北大数学系行政上的领导机构还是"文革"时期的"革委会"，直到年底，才恢复系主任制度。段学复先生重新出任系主任，丁先生被任命为系副主任。1980 年段先生辞去系主任职务，通过选举，丁先生出任主任。一直到 1982 年他都是数学系领导核心的成员。在此期间，他们为历次运动中被错整的同志平了反，恢复了正常的教学秩序和教师晋升制度，重新开始了招收研究生的工作。在这些复杂艰巨的工作中，我认为最难处理而又处理得非常恰当的，是正确对待运动中伤了人的那些干部和教员。丁先生本人是"极左"路

图3 1985年，丁石孙校长与北京大学名誉教授、诺贝尔奖获得者杨振宁教授交谈。
北京大学校史馆供图

线的受害者，但他心胸开阔，丝毫不计较个人恩怨，一切以大局为重，既批判那些人执行的"极左"路线，又团结他们一起工作，因此没有留下"后遗症"，为后来北大数学系的迅速恢复和发展打下了良好的基础。

丁先生是一位有抱负、有才华的数学家。他早年在段学复先生门下研究代数；1958年"大跃进"，数学系发展电子计算机时，他开始研究数理逻辑和算法论；经过"文革"十年的折腾，当他再次起步时，则选定了"代数数论"作为研究方向。1982年，学校选派一批资深干部出国留学，丁先生辞掉系主任，去了哈佛大学进修。他一边进修，一边了解美国大学的办学经验和数学的前沿进展，时间安排得很紧凑。1983 年，我到 Berkeley 陈省身先生创办的数学科学研究所（MSRI）工作，趁到东部参加学术会议之机，绕道波士顿看望他。那时丁先生住在 P. Griffiths 教授家，五十多岁的人还在认认真真地和研究生们一起听课做作业，这样朴实无华、实事求是的作风，令人感动！

三、有担当的校长

1984 年至 1989 年，丁石孙先生出任北京大学校长。他要为振兴北大办几件事，但难度很大，这些已多见诸文字。我只写两件我亲历的事。

"文革"给学校遗留下的问题之一是住房紧张。"文革"之初，原先居住比较宽敞的教授住宅都迅速地被瓜分完了，一幢小楼住上四五家人，到落实政策时，就得有空房让那些人家搬出来住；另外，当年的年轻教师大都已结婚生子，需要从单身宿舍搬到家属楼。但"文革"十年学校没有基建，已有的住房远远不够安置。为了应对这些需求，80 年代初，学校在中关园新盖了几幢三居室的家属楼，先分给一些资历老、职称高的教师居住。这时有人嚷嚷："知识分子住高楼，劳动人民住平房。"丁校长本人一点也没有特殊化，他和我这样的普通教授一样都住在中关园 42 号公寓。有天晚上下大雨，公寓周边人声嘈杂，一群人站在楼外大声叫喊："丁石孙出来！"丁校长十分镇定，马上从楼里走了出来。当他听说是有些平房被水淹了，便跟随来人赶到现场去考察。走近平房时，有人对他说："你还穿着皮鞋，来，我背你进去。"只见丁校长毫不犹豫，大步踏入水中，走进淹了水的房子，深入了解情况。他随即提出办法，紧急安置了那些受灾的居民。他的举止让人心服口服。

1988 年，程民德先生辞去数学所所长的职务，系领导让我继任。经过一段酝酿，我提出研究所实行以科研流动编制为主、两年轮换的制度。研究所面向全系组织日常学术活动和大小学术会议，并提供出版论文预印本等方面的服务。丁校长很肯定这个方案。但当我接手工作时，却发现这么多年来，研究所并没有独立的运行经费。需要用钱的时候，都是靠程先生向系或学校打报告，专款专用，于是我向丁校长提出了经费需求。没有想到那时学校经费非常紧张。丁校长思索了很久，打电话给我说："你提出的要求是合理的，但

图4　1992 年，丁石孙（中）与北大中文系朱德熙（左）和孙玉石（右）合影。朱德熙家属供图

学校现在实在拿不出这笔钱来，我先从校长办公费里拨一两万元给你作启动费，以后不能保证每年都有。"过了几天我到系图书馆去考察购买新书和预订期刊的情况，结果大吃一惊，近一年内的原版新书只有二三十本，很多重要的外文期刊，架上也找不到。据了解，尽管系图书小组按时提出了采购和预定计划，但由于学校经费紧张，都被校图书馆砍掉了。然而图书对于数学研究来说，和实验仪器对于自然科学是同样重要的。我把这个情况调查清楚以后，不得不再去找丁校长。丁校长当然知道图书期刊的重要性，但他可能并不知道现实已经严重到了这个地步。他紧皱眉头思索着，对我说："我知道了，我找图书馆了解一下。"过了一两个星期，校图书馆的同志找我说："我们全校一年才只有一百万图书经费，不过明年我们给数学系十万。"这件事也从一个侧面反映出 20 世纪 80 年代末北京大学吃紧的财政情况。"巧妇难为无米之炊"，那个年代的北大校长真不好当！

当然，更难的事是众所周知的：那个时期，中国社会正在转型，学生思想空前活跃。作为一个有担当的北大校长，他既要防止学生上街闹事，又不愿伤害青年人的爱国热情。事情复杂，有时我想：丁校长真难！

丁先生调离北大以后，我们还常有机会见到他。每逢春节，同事们和同学们都会相邀同去他家看望。和他在一起，大家无拘无束，畅所欲言。我们都热爱这位好老师、好校长。

衷心祝福丁先生健康长寿！

作者为北京大学教授，中国科学院院士，第三世界科学院院士

共同的心愿

厉以宁

在一些学术会议上，经常遇到北大的毕业生。他们毕业的年份不同，离开北大有早有晚，但都有一种对母校的深切的留恋。如果问他们："回忆北大，你最留恋的是什么？"答案是一致的：最留恋的，或者说，最值得留恋的，是不断探索的精神，是培育了这种探索精神的学术环境。

我从1951年考进北大经济系以来，在这里学习和工作了三十七年，没有离开过北大。尽管如此，这种留恋的心情在我身上是同样存在的。在北大时间越久，我对这一点的体会就越深。而有这种体会的，肯定不只是我一个人。

在北大，上上下下，从教授到助教，从研究生到刚入学的大学一年级学生，都存在着一种不断探索的精神，所以图书馆的藏书变活了，教授们的渊博的知识变成了共同的财富。一本好书，在读者

图 1 1986年，北京大学经济系教师厉以宁等与外国学者交谈。北京大学档案馆供图

手中多次流转；一篇引起争论的文章，争相传告；一场精彩的学术报告，听者回味无穷。宿舍里，教室内外，时常可以听到不同的观点在交锋。这就是北大。哪怕是在50年代初，当资本主义的教学模式开始统治北大讲坛的时候，我作为一个学生，在图书馆内仍然能接触到来自世界上各个角落的学术讨论的最新信息；在同教授们私下的交谈中，仍然能学习到课堂上所学不到的东西。哪怕是60年代初，当盲从已经变成了一种灾难，思想的禁锢已经逐渐变为现实的时候，我作为一个青年教师，仍然能从同辈人那里听到对权威的观点和评论，仍然能从学生中间了解到他们最关心的是什么问题：不是个人的得失，而是社会的前途。也许60年代末到70年代中期是一段最艰难的日子。"经典中没有谈过的问题，不容许讨论；经典中已经谈过的问题，不必再讨论。"但这场文化界、思想界、教育界的风暴，并没有把北大所固有的探索精神毁灭掉。每一个北大

图2　20世纪90年代，厉以宁教授在自家书房。傅帅雄供图

人总有那么几个知心的伙伴，小范围内的探讨，岂是禁止得了的？于是出现了两个北大。一个是外界看得见、听得到的北大，那是浮在水面上的北大；另一个是只有生活在北大，同北大的命运始终拴在一起，继承并发扬了探索精神的北大人才能察觉到的北大，这是深藏在北大人心中的北大。不了解从60年代末到70年代中期实际上存在着两个北大的人，是不了解北大的。结果呢？北大依旧是北大。

为什么"不断地探索"会成为北大的传统？蔡元培校长的功绩、五四运动、一二·九运动……在北大的历史上，这些都是不可磨灭的纪事碑。但我朦朦胧胧地感觉到，使北大的探索精神得以代代相传并且紧紧随着时代前进的步伐的主要原因，是北大人的高度的社会责任感。

我总爱询问刚踏进北大校门的一年级新生：你们为什么选择北

图 3　2014 年 10 月 10 日，北京大学名师大讲堂首场报告会中，
厉以宁教授主讲第一讲。图为讲座结束后，厉以宁教授与同学们交流。
傅帅雄供图

大？你们来到北大，希望学习到什么？他们的回答多半是：北大有
一个好的学习环境，在这里能够学习到有用的知识。仅仅过了一年，
当他们读二年级的时候，我又用同样的问题询问他们。我发现，他
们的思想已经发生了很大的变化。他们对于北大这个好的学习环境，
不再是空泛的了解，而是具体的认识。他们会说："在北大，最重要
的不是学到知识，而是学到钻研问题的精神、观察事物的方法、对
待知识的态度。"他们投进了北大这个大熔炉之中，探索精神和社
会责任感在他们的内心成长起来。

　　北大人不相信教条，不盲从权威，不随风摇摆。我记得我的一
个学生在接受某一项研究任务时曾经说过："我们接受课题，但不接
受指定的观点，也就是不接受指定的结论。"这句话充分反映了北
大的教师、研究人员和学生们对待研究工作的负责态度。

每当我走过学生宿舍区，看到一张张关于学术讲座的海报，特别是其中不少是由北大的中青年教师主讲的，我总有一种说不出来的欣慰心情，因为这意味着北大的探索精神在继续，北大的学术环境被完好地维护着。我作为近若干届北大中青年教师、研究生、大学生科学研究优秀成果评奖组织的负责人之一，细心审阅送来的著作、论文、研究报告，我也总有一种难以抑制的兴奋情绪，我预言，在这些作者当中，肯定有一批在未来的学术界将显露头角的人物，他们是在北大探索精神培育下成长起来的一代新人。单凭这些，我就可以满怀信心地告诉那些离开了北大、但依然留恋北大学术环境的广大校友：北大有希望，希望在于北大的年轻人。

北大的中青年教师日益成为北大的生力军。我问过他们："你们愿意留在北大工作，为什么？北大的住房条件很差。""这算不了什么。""北大对留校的讲师、助教们压的教学担子很重。""这能锻炼人。""北大的提职称条件比较严格，高级职称的名额有限。""严要求是件好事嘛！""你们准备坐冷板凳？""你们不也是这样过来的吗？"从每届毕业的研究生中，我留下了一些"志愿兵"，他们加入北大的教师队伍中来，为的是把北大办得更好，使北大的探索精神永远地保持下去。单凭这一点，我又可以乐观地告诉校友们：北大充满了希望，未来的北大校史将由这批中青年教师和他们教育出来的学生去撰写。

祝不断探索的精神在北大永存——这是广大的校友和我们这些留校工作、学习的人的共同心愿。

作者为北京大学光华管理学院教授

我愿在荒野终老

潘文石

从事保护工作这么多年，我得到最大的启示是：人类不能孤独地行走于天地之间，人类应该与万物众生同生共存。

生态文明的出现是人类演化史上最伟大的事件之一。美国哈佛大学的威尔逊教授曾说过，如果全球的蚂蚁被消灭了，全球许多生态系统也会随之消亡，但假如人类消亡，那么地球上很多生态系统就会随之恢复。我想，这样一个比喻很具有警醒意义。人类在地球上曾经很渺小，随着逐渐发展强大，人类开始去伤害其他的物种乃至生态环境，这形成了过去非可持续发展的生活生产方式。但是现在我们认识到问题的重要性，我们要为了生命的未来去大声呼吁，建立一种充分考虑生态环境保护的新生态文明。我工作研究的这四十年正是为了这个目标。党的十九大报告中号召"加快生态文明体制改革，建设美丽中国"，我想，这个目标终会实现。

图1 大学时期，二十岁的潘文石。本文作者供图

我很小的时候就对自然、野外非常感兴趣，那时最喜欢看的书是丹尼尔·笛福的《鲁滨逊漂流记》和杰克·伦敦的《荒野的呼唤》，与野生动物近距离地生活逐渐成为我的梦想。读大学时，我毫不犹豫选择了生物系。就这样，大学毕业后我成为一名生物学研究者，也是一名生态保护者。

从事生态保护工作这么多年，我愈发真切地感觉到生态保护绝不仅仅是一项研究。我经常对自己的学生说："即使我们有一千篇论文和一百本专著，但如果动物都灭绝了，老百姓依旧贫困，那么这些论文、专著又有什么用？"生态问题直接关乎生态环境的延续，关乎人类及其他物种的生存。保护生态多样性，推动人与自然和谐相处和发展，作为保护学家，这份责任始终放在我的心头。

1980年我开始了真正的漫长的野外科考生活，我来到四川卧龙地区和秦岭南坡地区研究大熊猫。

当时保护的普遍出发点是美学，因为熊猫是全世界所关注的珍稀物种，所以它们应该在地球上存在，也因此有很多研究认为，既然熊猫在野外生活有困难，那就应该把它们放到动物园中饲养保护起来。但是到了熊猫栖息地，我很快发现根据这个出发点并不能真正保护熊猫生存下去。

物种应该在它们本身的栖息地生存、觅食，在那里追求爱情，

图2　1982年，潘文石在北京大学当教员时是运动健将。本文作者供图

在那里生和死，这才是对生命的尊重。如果这个物种在野外灭绝了，动物园中有再多也没有意义。拯救一个物种最好的办法就是在它的自然栖息地里保护它所在的群落的完整性、稳定性和物种内在的遗传多样性。因此，我和我的团队保护熊猫的目标始终是保全那些充满野性的自由生活的种群，保护它们世代生存的自然栖息地——给它们留下最后的自然庇护所。

　　我们首先花了很长时间观察记录大熊猫的行为，这是了解研究它们的基础。我们给熊猫戴上了无线电颈圈，颈圈每十五分钟一次发回它们的位置数据，我们要不分昼夜地记录，一般是两小时一换班。十多年的野外科考生活已经让我形成了两小时一醒的睡眠节律。秦岭的冬季寒气逼人，林业工人都下山过冬，但对熊猫的记录不能停止。我和学生们住在四面透风的棚子里，钻进鸭绒睡袋，借着蜡烛微弱的光亮，用冻僵的手指记录熊猫通过无线电颈圈发回的数据。

　　除了寒冷和疲惫，有时甚至面临生死考验。1982年，我在卧龙山区追踪观察大熊猫时，不慎从二百多米高的山崖摔下，重重地摔在一块石头上。性命虽保住了，但猛烈的撞击撕裂了我的肛门。由于无法进食，我每天只能靠一勺蜂蜜和一个鸡蛋在山上维持生命，其间的痛苦刻骨铭心。

1983年底至1984年初，四川地区死了八只大熊猫，碰巧六十年才开一次花的竹子大面积开花了。于是，"竹子开花导致大熊猫死亡，要把野生大熊猫都圈养起来保护"的观点甚嚣尘上。但依据我长期的观察和研究，我确信这样做是不合理的。首先，大熊猫和竹子一起共存了几百万年，竹子几十年就会开花一次，所以不会因为竹子开花大熊猫就失去了食物；其次，饲养野生熊猫会破坏它们的种群结构，而且还可能导致其繁殖能力大幅下降。随着保护热潮不断升

图3 1991年，潘文石教授在陕西秦岭南坡与学生进行野外考察。本文作者供图

温，大量资金投入到饲养场建设中，原本生活在荒野家园的大熊猫被送进饲养场，我心中非常着急。1984 年 10 月，在山中简陋的工棚中，我向中央提交了一份报告，用我亲自观察到的第一手科学数据和实证，陈述了我不赞成人工饲养大熊猫的原因。最终中央采纳了我的建议，停止了集中人工饲养大熊猫的计划。

在这之后我发现，真正干扰熊猫生存的主要因素是森林砍伐。如果秦岭伐木者按照国家森林法控制的伐木强度伐木，熊猫和人就能够在一个共同的环境里生存下去。但是我去秦岭的时候，痛心地发现人类为了经济利益的增长，已经破坏了这种平衡，反过来人类生活也受到损害。秦岭的原始森林被严重砍伐，水土也无法保持了，一场大水甚至冲掉了半个县城。不仅熊猫没法生存，百姓也没有办法生存下去了。

看到秦岭当时这样严重的生态危机，我同我的研究生们写了一封致国家领导人的信，陈述了秦岭的情况和解除危机的建议办法，几天之内就得到了回复批准。中央高度重视，命令立即停止采伐，安排职工转产，批准在秦岭南坡原先大熊猫的自然栖息地里建立新的长青自然保护区。国务院出资五千五百万元，世界银行出资四百七十七万美元来支持这项工作。

自然保护区成立一年之后，秦岭的生态环境显著恢复，熊猫和其他动物能够安宁地生活，我就满怀高兴地离开了秦岭。在我离开秦岭的时候，最骄傲和最快乐的事情就是，看到熊猫娇娇、熊猫虎子和它们族群的生命，有如秦岭南坡那些汹涌奔腾的河，在自己故乡的沃土上绵延。

2003 年，我听说三娘湾栖息着中华白海豚后，立即带着我的团队

图4 2012年9月，潘文石教授在广西钦州三娘湾海面上。本文作者供图

前去考察。三十年前白海豚的分布从北部湾一直到长江口，但是现在在世界濒危物种红色名录上已经属于极危物种。我们在随后的近二十年时间里收集到了一百多万张照片、两万段视频及近万个GPS定位点，确认三娘湾海域的中华白海豚种群数量从研究初期的不到一百只，正持续缓慢增加，是世界上最健康、最有繁殖能力的群体，如今北部湾剩下的这三百多只中华白海豚正是这个物种最后的希望。

白海豚主要栖息在北部湾钦州市的东部地区，北部湾新建的工业基地选址也是这里。其中，紧靠大风江入海口的三娘湾，非常适合建设大型修造船项目，故被规划为造船工业开发区。2004年，我向政府提交重新规划工业区的建议，向政府说明北部湾地区是全球保护生物多样性的热点地区，这里生存着许多独一无二的珍贵物种，于此设立工业区带来的工业污染和人口增加会大大影响白海豚等物种的生存。

政府很快就接受了我的建议，我们达成了追求自然保护与经济发展"双赢"的共识：北部湾地方的生物多样性对我们子孙后代的生存是非常重要的，保护刻不容缓；但是北部湾作为国家开发区，当下也很需要经济增长，没有经济增长的社会是不完善的社会，我们不能为了保护自然就回到吃不饱穿不暖的原始阶段。

半年之后，北部湾的整体布局发生了很大的变化。钦州市政府将工业园区西移，集中在北部湾的西面，远离北部湾东边白海豚的栖息保护区。工业区与海豚自然保护区之间也建立起了保护线——修建了一条三墩路作为界线。相关工业企业也主动再增加约三亿元投资以购入污水处理设备，将排污标准提高到接近零排放。这样，白海豚就能够在这片没有被破坏的环境中自由自在地生长，这个物种的希望也被延续下来。

白海豚自然保护区沿岸原先有一些渔村，我建议保留下来，渔民仍然保持水产养殖的生产模式，这其实能够促进生态和谐。近海养殖的生蚝、沿海滩涂生长的沙虫，都对环境质量十分敏感，它们也能够成为白海豚生活环境的监测指标。更重要的是，它们是当地群众增收致富的重要来源，现在钦州已成为全国著名的生蚝养殖基地。

钦州的实践很好地证明了经济发展和生态保护并不矛盾，可以是"鱼和熊掌兼得"的共赢关系。对海洋生态环境和水质极其敏感的中华白海豚的数量从 21 世纪初一直在增长。我也听钦州政府说，十年间钦州地区生产总值从不足三百亿元跻身"千亿元俱乐部"，"大工业和白海豚同在"已经成了钦州的生态品牌。

今天，当我们面对大海，站在钦州市三墩路的分界处，朝西看是钦州保税港区的现代化工业园区和一个个大型储油罐，转向东边可以看到一群白海豚自由自在地巡航在蔚蓝的海面上。三墩路已不仅仅是一条普通的路，它象征着一项伟大事业的召唤和责任，为了子孙后代的安全与幸福，钦州人必须迎接时代的挑战，既要发展经济，也要保护自然。

许多国家曾经走过"先污染，后治理"的弯路，但今日不同往昔，如今，"绿水青山就是金山银山"的理念深入人心。通过合理科学的保护方式，社会经济快速发展的同时，实现生态保护也成为可能，实现"美丽中国"之梦正依赖这种生态友好的良性发展方式。

我们生态保护工作者的这些努力只是一部分，解决问题的主力始终是政府。只有政府才有力量去帮助百姓解决问题，去恢复那些被破坏了的生态系统，去改善环境。在人们的想象中，环境学家和政府的关系往往是不和谐的，环境学家呼吁保护环境似乎就要限制政府行为。但是我的经验充分表明，生态保护工作者和国家政府能够和谐地合作，目的都是为了百姓的生活，为了国家长久的发展，为了人类与地球的繁衍生息。

积累了这么多年的生态保护经验，我逐渐形成了一整套"生命教育"的教育理念，这也是我发起成立钦州市文实中学的初衷——从孩子起，就注重培养他们对生命的热爱，让他们感知自然的神奇与可贵。我常常邀请孩子们来到野外参观，亲自带着他们穿越繁茂的树木和灌丛，仔细观察白头叶猴们的生活。看到山林的生命力深深植根于茂密丛林、奇幻悬崖和小溪农田之中，看到学生们在生态体验中获得的那份快乐，我倍感欣慰。

大自然中永远蕴含着生命的惊喜。2009 年 10 月，我们在广西江

图 5　2013 年 12 月 8 日，一只六岁大的雄性白头叶猴与潘文石教授合影。本文作者供图

州木榄山附近的山洞中进行环境考察时，偶然找到了距今约十一万年的早期现代人的下巴颏。这个发现足以证明左江流域过去是早期现代人类的伊甸园，同时也为现代人的起源学说提供了新的有力证据。同年，我的队伍在秦岭野外研究又取得三项发现，首次发现了动物中的隔代照料现象，猴子的爷爷奶奶、姥姥姥爷会照顾孙子孙女、外孙外孙女……这些新发现引领着我继续探究生命的奥秘。

回首已经走过的路，我总觉得自己就像杰克·伦敦笔下的布克，由于一个偶然的原因落入北极荒原，从此就心甘情愿地在漫漫的雪野里追赶猎物。我的精神世界与布克一样，洋溢着对野性的虔诚向往。

大学期间攀登珠峰的经历是我坚定梦想的关键经历，那是我一生最难忘的记忆。从 1958 年 5 月至 1959 年 10 月，我随中国第一支登山队，先赴甘肃的祁连山攀登"五一冰川"，后到西藏的念青唐古拉山，再后来进入珠穆朗玛峰北坡登山和进行科学考察……在冰山雪野中，我真正地感受到生命存活下来的艰难，但同时也坚定了我人生的志向，从此决心走上研究自然的苦旅之路。如果没有参加珠穆朗玛峰的登山考察科考活动，也就没有我今生的科学生涯。

2018年是北京大学一百二十年校庆，北大山鹰社登上了珠峰，将"北大精神，永在巅峰"的口号留在了世界之巅。我感到非常高兴，给北大山鹰社写了封贺信，信中说："我对于登山活动的热爱就在于，一种发自内心的激情，一种在雪道苦旅上的感悟。""我已经八十一岁了，年龄和体力均在衰退之中，但北大山鹰社的精神无时不在鼓舞着我在当今地球上最后的荒野上空飞翔，直到那一天，我已成仙，不为别的，只为万物苍生的喜乐平安。"

我的研究历程也仿佛是攀登一座高峰，但是，我的探索之峰永远没有山巅。如今，我虽然已经八十余岁了，但是身体状况和精力仍然足以支撑我搞研究，那么我的保护和研究就要继续做下去，继续攀登下去。

科学之路没有尽头，我愿在荒野终老。

（本文根据陈凯和陈震坤采访潘文石教授的记录稿整理而成）

作者为北京大学生命科学学院教授

北医的品格与使命

韩启德

　　1912 年，民国初建，第一所由中央政府创办的医学院校——国立北京医科专门学校诞生。百年沧桑，筚路蓝缕，北医从七十二名学生、九名教员的微型学校发展到拥有近八千名全日制在校生和四千余名专职教师队伍的现代化高等医学院校，成为中国高等医学教育的领头雁。北医百年，与祖国共存续，与民族同兴衰，与现代医学在中国的发展紧密相连，与人民的生命健康息息相关。回顾和总结北医的百年历史，一条主线贯穿始终，那就是北医对社会责任的担当。

　　北医对社会责任的担当，体现在探索和发展符合中国国情的医学教育上。中国不同历史时期医学教育的体制、学制、教学内容和方法，很多是在北医先行的。在过去的百年中，从北医走出六万多名高素质医药卫生人才，包括众多大家、名家，北医毕业生享誉全社会，成为中国医药卫生事业的骨干力量。

北医对社会责任的担当，体现在不断推动中国医学的进步上。一百年前，现代医学在中国刚刚起步，北医从成立起就引领现代医学在中国的传播和发展，一百年来创造出无数个中国第一，众多学科始终保持全国领先地位。直到今天，北医的学术研究仍然代表着中国先进水平。

北医对社会责任的担当，体现在对全民健康水平提高所发挥的重要作用上。北医不仅为社会提供高质量的医疗服务，而且对国家卫生方针、政策的制定产生了重要影响，对国家的公共卫生工作作出了重要贡献。

北医对社会责任的担当，还体现在对中国政治与社会发展进程中的态度和作为上。"上医医国"，在中国的传统中，医学与社会、政治有着紧密的联系，而北医地处北京，政治中心的地理位置决定了她必然承担更多的政治责任。百年来，每当国家和民族有难时，北医人总是挺身而出，代表先进的政治力量推动社会发展。在北洋军阀时期的民主运动中，在抗日战争中，在建立新中国的斗争中，在抗美援朝中，在历次抢险救灾中，在支援边疆、服务农村中，都有北医人活跃的身影和不可磨灭的贡献。

总结百年历史，融入社会、服务社会是北医的文化精髓；医者的苍生大爱融入"以天下为己任"的济世情怀，成为北医持久的精神动力；对社会责任的主动担当，成为北医的精神传统。

北医精神铸就了北医的百年辉煌，同时也造就了北医独特而富有魅力的品格：

一是实事求是、认真执着。北医虽然历经磨难与变故，但始终

图 1　韩启德教授在北京大学 2000 年开学典礼上讲话。北京大学档案馆供图

遵循教育规律，坚持育人为本，不忽悠、不张扬、不浮躁。北医从未盲目扩招、盲目圈地、盲目贷款；坚持严格标准，追求内涵，重在质量，很多保证医、教、研质量的标准和政策坚持多年不变。

二是包容豁达、尊才尚能。北医尊重知识分子的独立人格和质疑精神，保护知识分子的积极性和创造性。即使在各种政治运动中，"不整人"都是北医对待自己员工的底线。北医对待人才历来不拘一格、不拒细壤、不择细流。北医人温良、朴实、宽厚，"北医是个家"已经成为大家共同的情感认知。

三是厚学厚德、追求卓越。北医人崇尚行胜于言，很少曲意逢迎、唯长是从。历代北医师生潜心研究，不浮夸，不虚荣，甘于寂寞，朴实无华，对业务精益求精，以培养人才为乐，以创造知识为乐，以造福患者为乐，乐此不疲。

如果对北医的品格加以提炼，可以用两个字来概括，那就是"厚道"。

道者，法则、规律、宇宙本源、世界观、人生观、道德、方法也；厚道者，在上述各方面都显厚重也。百年来的几代北医人，无论是学校管理者还是普通职工，无论是在校学子还是历届校友，无论是本校培养还是从外校来的各类人才，都以自己的行动实践厚道，都以厚道为荣，以不厚道为耻。"厚道"已经融入北医人的血液，成为北医人的标记。

当前，世界格局剧烈动荡，中国社会正处于伟大但充满艰辛的转型之中。中国的发展面临着难得的历史机遇，挑战也十分严峻。借用历史学家唐德刚的比喻，现在中国这艘巨轮，正在穿越"历史的三峡"。我们既要有必胜的信念，满怀豪情，又不能不强化忧患意识，如履薄冰，如临深渊，脚踏实地，努力做好自己的事情。这才是对历史负责的态度。对于北医而言，在诸多挑战之中，特别需要清醒地认识到现代医学所面临的挑战。

一个世纪以来，医学技术飞速发展，使得人类对抗某些疾病的能力大为提高，但与此同时，技术主义盛行，医学人文精神渐行渐远；医疗成本大幅提升，远超过社会收入水平的提高，使相当一部分人难以承受，加剧了社会不公；对医疗之外决定人类健康的社会、经济、环境等因素重视不足，措施不力，预防为主的方针没有得到有效贯彻。在医疗体制的构建和改革中，如何既保证公益性，又不致降低效率，既维护公众利益，又保护医务工作者的积极性，世界各国都还没有找到好的办法。同时，我们还面临着人口老龄化，环境与生态恶化，传染病传播条件改变，全球卫生与经济、政治互动等复杂情况。

面对挑战，北医要再一次勇于担当责任，引领中国卫生事业和医学教育的改革，探索以提高群体健康水平为目标的医学卫生发展之路，并为提升中国医学研究水平和建立富有中国特色的医学教育体系做出新的贡献。

为完成上述目标，我们需要确定正确的发展战略。对此，我有以下几点思考：

第一，创造中国特色医学教育模式。要把大学综合教育与医学职业教育有机结合，将综合素质培养融入医学教育全过程；要区别本科教育、毕业后教育和继续教育的内涵和特点，并据此做好相应制度设计；要处理好毕业后教育与专业学位教育、专科医师培训之间的关系；在本科教育中，要打破基础和专业教学之间的隔阂，将它们更加有机、紧密地结合起来。为此，我们在继续深化教学内容和方式的改革的同时，有必要继续探索现有学制和学位制度的改进。

这里，需要特别强调把人文教育放到医学教育的核心地位，贯穿于培养的全过程。要加强文史哲、社会科学和心理学等通识教育，探索与实践适合医学生的教育内容和方式方法。要大力支持学生社团活动，加强校园文化建设，促进学生个性发展。要提高教师人文素质，落实教书育人责任。要在师生中广泛开展关于生命、人性、

图2 2000年5月，北京大学医学部挂牌仪式，许智宏校长（左）与韩启德教授（右）共同为北大医学部揭牌。北京大学档案馆供图

死亡、幸福、精神、道德、公平、家庭、爱、性、忠诚、责任、善良、宽恕、高贵、真实、谎言、造假等问题的深入而自由的讨论，使我们的师生更加爱国、爱人、有责任、有担当、会做人、会做事。

第二，淡化专业界限，着力加强学科交叉。要消除临床医学和预防医学的鸿沟，生物医学研究要着力解决临床和人群健康的实际问题。要增强医学与人文社会学科、理工学科之间的沟通，加强对健康教育、卫生经济、医学社会学、医学法学、全球卫生、医学媒体学、临床药学、卫生管理等复合型专业人才的培养。不仅要打造更多学科合作平台，鼓励交叉研究，而且要在制度上为学科交叉人才的培养创造条件，例如开设学科交叉课程、互认不同专业课程的学分、鼓励修读双学位、增加招收跨学科的研究生，等等。

第三，中医药是我们的伟大宝库，中西医结合是中国为人类医学发展做出重大贡献的独特优势和路径。但长期以来，北医在这方面的工作没有做好，这是非常可惜的。今后要把加强中西医结合作为一项战略性举措，从人才、经费、制度等方面给予保障和鼓励，力争开创新局面，做出原创性成果。

第四，抵制"官本位"，完善管理机制，坚持民主办校，按章治校。应该使每一位教师、职工和学生对学校的事情都有发表意见的权利和有效途径，使他们的意见得到尊重和及时的反馈，使他们真正感觉到自己是学校的主人。行政管理部门要加强服务意识，不"瞎折腾"教师和学生，自觉接受师生员工的监督。所有人都要自觉遵守学校规章，按制度办事。要秉承北医"勤奋、严谨、求实、创新"的学风，切问近思，潜心钻研，自由探索，追求卓越。要以做厚道人为荣，以浮躁和走"歪门邪道"为耻。

第五，更加重视人才工作。继续采取吸引人才和培养人才相结合，但重在培养人才的方针。创造适合人才成长的良好环境，尊重个性，宽容失败，建立科学的人才评价机制，让各种人才都有用武之地，特别是要为中青年人才创造施展才华的条件。

第六，发挥合校优势，深化有机融合。原北医和北大两校合并，是当年北医领导审时度势，为实现北医长远发展目标而主动提出来的，前后经过五年磨合，于 2000 年才得以实现。由于两相情愿，由于循序渐进，由于缜密设计，由于两校兼容并包的传统，合校取得成功。十二年来，双方相得益彰，都从合校中受益，都得到了更快发展。"发展是硬道理"，实践是检验真理的唯一标准。事实证明，原北医、北大合并后采用的在相当长时期里保持医学部相对独立管理的模式是符合客观规律的，是正确的。但是，我们也应该看到，由于各方面的原因，合校的优势还没有得到充分发挥。我们应该与时俱进，不断深化医学部与校本部的有机融合。北医人应该有更加宽广的视野和胸怀；更加勇于开拓创新，不断优化管理体制和机制；

图 3　2001 年，韩启德教授陪同许智宏校长参观北京大学医学部。北京大学档案馆供图

更加主动利用北大多学科优势，加强与校本部各学院各学科在教学和研究上的合作；增强北大整体意识，服从北大统一意志。北医人要少问合校给了我什么，而常问自己为合校做了什么贡献。

　　1896 年，英国人奚安门（Henry Searman）在上海《字林西报》上把中国人称为"东方病夫"。自此一个多世纪以来，这顶羞辱的帽子就压在中国人的头上，时时刻刻深深刺痛着中国人的心。为了甩掉这顶帽子，一代又一代中国人为完成两个最重要的任务而奋斗：一是把一个积贫积弱、落后挨打的古老大国建设成为一个富强、民主、文明、和谐的现代化强国；二是改造中国民众的健康条件，让中国人具有强健的体魄。

其实，这两个任务一直是紧密联系在一起的。正是由于新中国的成立和经济社会的发展，才有现代医学的昌明，才有中国人身体素质的大大提高，而由此又使中国人重新获得自信与尊严，并在国际竞争中充分发挥劳动力的优势。现代医学在中国的传播，也曾引领科学、民主精神的发展，深刻影响中国人认识世界的方式，使我们明了"天下大势"之所向。

回顾历史，正是要启示未来。今天，我们这些学医、行医的人，悬壶济世，心系苍生，不仅仅是救治患者，也不仅仅是推进医学技术的进步，更是要始终保持北大人的理想主义气质和胸怀天下的抱负。历史把我们这一代人推到了新的重大关头，我们必须继承北医百年传统，通过自己扎扎实实的努力和始终不懈的奋斗，使科学、民主精神在中国发扬光大，使中国的老百姓享有更健康、更幸福、更文明的生活，并且努力促进中国社会的公平、正义与全面进步，从而实现中华民族的伟大复兴。

这就是北医人的百年梦想，这就是北医人的时代使命。让我们牢记宗旨，不负使命，敢于担当，甘于奉献，共同谱写北医新百年的辉煌篇章！

作者为中国科学院院士，曾任北京大学医学部主任